마케터처럼 ────── 살아라

마케터처럼 살아라

초판 1쇄 발행   2021년 11월 17일

지은이   이노우에 다이스케
옮긴이   정보희

펴낸곳   마인더브(경원북스)
주소   서울시 광진구 아차산로 375(B1, 105호)
전화   02-2285-3999
팩스   02-6442-0645
인쇄   두경M&P
이메일   kyoungwonbooks@gmail.com

ISBN 979-11-975823-0-1 (03320)
정가 15,800원

마케터처럼 ——— 살아라

이노우에 다이스케 지음

정보희 옮김

마인더브

마케터처럼 살면 하고 싶은 일이 없어도
충분히 빛날 수 있다

다른 사람의 기대를 채울 때 발휘되는 개성

흔히 '**개성**'의 **시대**라는 말을 한다.

재택근무가 급속히 확산되면서 부업 하기도 한결 수월해졌
다. 인터넷을 이용해 일회성 일을 맡는 '긱워크^(Gig work)'도 일반
화되었다.

일을 하는 입장에서는 업무방식이 다양해져 좋기도 하지만,
달리 생각하면 **매우 가혹한 일**이기도 하다. 뛰어난 프리랜서
에게 사무와 영업까지 맡기는 일이 일반화되면, 많은 사람이
회사에서 설 자리를 잃을 것이다.

돋보이는 '개성'이 없으면 살아남을 수 없다. 그러다 보니 개성을 추구하는 시대의 분위기는 더욱 강해질 수밖에 없다.

그럼 돋보이는 개성을 가진 사람이라고 하면 어떤 사람을 떠올릴까? 비즈니스 세계에서 두드러진 실적을 올리고, 화술에도 뛰어나며, 대중매체에 전문가로 출연하는 사람의 얼굴이 머릿속을 스치지 않을까?

이런 사람들은 딱 봐도 개성적이고, 사람의 마음을 사로잡는 매력이 넘친다. 상식이나 관습에 얽매이지 않고, 자기 갈 길을 가는 대담함도 있다. 일이나 회사조차도 나를 돋보이게 하는 수단으로 여기는 것 같다. 아티스트 같은 비즈니스 맨(우먼)이라고도 할 수 있겠다.

그렇다면 애초에 '내세울 수 있는 나' 같은 건 없는 사람은 어떻게 해야 할까?

처음부터 **나를 내세우는 일이 비위에 안 맞는 사람은?**

혹은 나를 돋보이게 하고 싶어도 **스스로 재능이 없다고 생각하거나 도전은 해봤지만 허무하게 좌절한 사람은?**

그런 사람들은 모두 돋보이는 '개성'을 가질 수 없을까?

그렇지 않다.

그런 사람은 **상대방을 잘 이해하고 상대방의 기대를 채우는** 삶의 방식을 배우면 된다.

나를 내세우지 않고 **상대방의 기대를 만족시키도록 한다.** 그러기 위해 먼저 상대방을 잘 파악하고, 상대방이 무엇을 바라는지 곰곰이 생각한다. 그리고 내가 할 수 있는 최선을 다해 그 기대를 만족시킨다.

이 책에서는 그러한 삶의 방식을 **마케터처럼 산다**고 표현한다. 왜냐하면 마케팅이란 본디 '항상 상대방의 입장에서 시작한다'라는 생각을 구체적으로 실현한 것이기 때문이다.

> ▶ **마케터처럼 POINT · 01**
> 마케터처럼 산다는 건 상대방의 기대를 채우려는 삶의 방식이다.

마케터처럼 살면 「필요한 존재」가 될 수 있다

마케터처럼 살면 **직장에서 필요한 사람**이 될 수 있다.

모든 일에는 상대방이 있다. 영업, 상품개발 및 광고 부서라면 그 상대방은 고객이다. 인사나 법무, 전산이나 구매 같은 업무지원 부서라면 상대방은 다른 부서의 동료들이다. 그리고 어느 직종이든 팀 안에서는 상사와 부하직원이 서로를 상대방으로 두고 일한다.

내가 상대해야 할 사람이 누구인지를 잘 알고 그가 바라는 것이 무엇인지 파악해 그 기대를 계속해서 채워줄 수 있다면 어떨까? **어디에 있든 무엇을 하든 주변 사람들에게 필요한 존재가 될 수 있을 것이다.**

한편 일을 하는 사람에게 인생이란 **'나라는 상품'을 평생에 걸쳐 완성하는 것과 매한가지다.**

어느 시장에서 승부할지를 정한 다음, 그곳에서 필요한 능력과 경험이 무엇인지를 파악하고, 필요한 것을 연마해 간다. 바로 이것이 마케터가 상품을 만드는 프로세스 그 자체다. 그렇기에 마케터처럼 산다면 나 자신이 **'더 많은 사람에게 도움을 줄 수 있는'** 커리어를 구축할 수 있게 된다.

더불어 일의 보수는 누군가에게 도움이 되었을 때의 보상이므로 금전적인 보상은 저절로 따라오게 된다.

마케터처럼 살면 **개인의 삶에서도 필요한 사람**이 될 수 있다.

늘 상대방의 입장에서 먼저 생각하고, 주변 사람들이 무엇을 원하는지 아는 사람은 항상 커뮤니티의 중심에 있다. 타고난 성격이 영향을 미치기도 하지만, 이 책에서 설명할 마음가짐과 기술로 부족한 점을 충분히 보완할 수 있다.

유튜브나 SNS를 이용해 정보를 제공할 때도 상대방의 입장에서 생각하면, 상대방이 원하는 콘텐츠를 만들 수 있고 그러다 보면 영향력도 생기게 된다. 영향력이란 결국 얼마나 많은 사람이 원하는지에 달렸기 때문이다.

이렇게 **다양한 상황에서 상대방에게 필요한 사람이 되는 것이야말로 개성을 돋보이는 일이다.** 예술가처럼 자기를 표현하여 필요한 존재가 되는 사람이 있는가 하면, 마케터처럼 **상대방을 이해하고 상대방의 기대를 채워** 필요한 존재가 되는 사람도 있다.

성공에 비결이 있다면 바로 타인의 입장을 이해하고, 나의 입장에서도 타인의 입장에서도 사물을 바라볼 수 있는 능력이다.

- 헨리 포드(자동차 왕)

▶ **마케터처럼 POINT · 02**
마케터처럼 살면, ❶ 지금의 직장 ❷ 미래의 커리어 ❸ 개인의 삶, 이 세 가지 면에서 '필요한 사람'이 될 수 있다.

필요한 존재가 되는 것이야말로 행복의 본질

마케터처럼 살며 필요한 존재가 된다는 건 이 무한 경쟁 시대에 먹고살 걱정을 하지 않게 해주는 건 물론이고 인생에 만족감을 가져다준다.

그림 그리기를 좋아하는 사람이 억지를 부려 결국 상사가 그리는 업무를 허락해 주었다고 하자. 그 사람은 그리는 일을 맡아 과연 행복할까?

상사는 아마 별로 달가워하지 않을 것이다. 주변 동료들도 '저 사람, 왜 항상 도움도 안 되는 그림만 그리고 있는 거야?'라고 생각할 것이다. 당신이 그런 상황에 놓였다고 상상해 보라. 나라면 행복하기는커녕 오히려 마음이 괴로울 것 같다.

아무리 내가 좋아하는 일을 하더라도 그 일을 아무도 원하지 않는다면 결코 행복하다고 할 수 없다. 필요한 존재가 되는 것이야말로 행복의 본질이라고 할 수 있다.

회사에서의 지위나 다른 누군가의 도움이 아닌, **자기의 힘으로 일도 행복도 이룰 수 있다면** 누구든 당신을 돋보이는 개성의 소유자로 생각할 것이다.

이를 위해 '강렬한 카리스마'나 '사람들을 사로잡는 매력'은 필요하지 않다. '하고 싶은 일'도 관계없다. 오히려 방해될지도 모른다.

왜냐하면 **마케터처럼 산다는 것의 출발점은 철저히 내가 아닌 상대방**이기 때문이다.

나만이 아닌, 동료의 이익을 중요하게 여길 것. 내가 받은 것보다 더 많이 상대방에게 줄 것. 그게 바로 행복해지는 유일한 길이다.

- 알프레드 아들러- (『미움받을 용기』로 유명한 심리학자)

> ▶ **마케터처럼 POINT · 03**
> 마케터처럼 사는 삶은 강렬한 카리스마가 없는 사람이 돋보이는 개성을 가질 수 있는 최강의 인생법이다.

마케터처럼 산다는 건 나답게 빛나는 일

그렇다면 마케터처럼 살면서 다른 사람의 기대를 채우는 건 나다움을 죽이는 일일까?

그렇지 않다.

나만이 채울 수 있는 '누군가의 기대'를 찾아내 나만의 방식으로 그 기대를 채운다.

이게 '나다움'이 아니고 무엇이겠는가.

영어로 '천직'을 'Calling'이라고 한다. 신이 자신을 '부르고 있다'라는 말에서 유래했다.

물론 신을 믿고 안 믿고는 사람마다 다르다. 그러나 누군가가 자신을 부르고 있는 게 천직이라는 것에 많은 사람이 공감하기에 오늘날에도 일반적으로 사용하는 표현이 된 게 아닐까?

나의 천직은 실은 내가 결정하는 일이 아닐지도 모른다.

어떻게든 이루고 싶은 꿈이 있는 사람은 그 꿈을 좇는 게 좋을 것이다. 그러나 그런 꿈이 없더라도 혹은 과거에 도전했다가 꿈이 깨졌다 하더라도 결코 실망할 필요는 없다.

그런 사람들이 천직, 즉 Calling을 찾는 방법이 있다. 바로 마케터처럼 사는 것이다.

이 책은 마케터가 되기 위한 교과서가 아니다. **마케팅의 기본적인 개념을 소개하고 그 개념을 이해함으로써 마케터처럼 산다는 관점을 익히게 하려는** 책이다.

특히 자신의 꿈과 사명을 잘 모르겠다는 사람, 좌절하여 꿈을 잃은 사람이 읽기를 바란다. 왜냐하면 다른 누구도 아닌 바로 내가 과거 그런 상황에서 **마케터처럼 산다는 관점 덕분에 크게 달라졌던 경험이 있기** 때문이다.

그런 나의 개인적인 이야기를 조금 해보겠다.

CEO 채용 면접에서 이사 한 분과 이야기를 나누던 중 "당신은 CEO가 되고 싶나요?"라는 질문을 받았다. "여러분이 원하신다면요." 이게 나의 대답이었다.

- 사티아 나델라 (마이크로소프트 CEO)

> ▶ **마케터처럼 POINT · 04**
> 나만의 방식으로 사람들의 기대를 채우는 것이 곧 나다움이다.

인생을 180도 바꾼
마케팅적 사고방식

나를 내세우지 않아야 빛날 수 있다

나는 지금 소프트뱅크의 광고 부문에서 일하고 있다. 과거에는 뉴질랜드항공, 유니레버, 아우디, 야후 등에서 마케팅 업무를 이어 온 마케터다.

감사하게도 외부에서의 강연과 연수강좌 의뢰가 많아 2019년에는 30회 이상 사람들 앞에 설 기회를 얻었고, 경제지로 유명한 『주간 동양경제』에 1년 동안 연재를 했으며, 두 번째 책을 출판한 것도 2019년의 일이다.

'그런가 하면 NewsPicks 아카데미'의 교수직과 업계 이사회 회원을 맡기도 했다. 잡지 같은 매체와 인터뷰도 했고 아침의 정보방송에도 출연했다. 그런 활동을 지켜봐 온 다른 회사 경영자의 부탁으로 회사 네 곳에 고문으로 들어가기도 했다. 이 일이 2019년에 했던 대표적인 '부업' 활동이다.

이쯤 되면 나를 자기주장이 강한 인물이라고 상상할지도

모른다. "셀프 브랜딩에 참 열심이군요!"라는 말을 들을 때도 있었다.

하지만 둘 다 그렇지 않다.

오히려 정반대로, **자기주장이나 자아를 억누르고 의식적으로 상대방의 입장에서 시작하다 보니** 이런 기회를 얻게 되었다. 그전에는 필사적으로 내 자신을 내세우려고만 했던 '암흑 시대'가 있었다.

◆ 암흑의 대학 시절

마케팅 업계에서 일하는 사람 중에는 한때 뮤지션을 꿈꿨던 사람이 적지 않다.

나도 그중 한 명이다.

가나가와 현의 해안지방에서 태어난 나는 초등학생 때부터 중학생 때까지는 요트 경기에 열심이다가 고등학생 무렵에 기타를 접한 이후 음악에 깊이 빠졌다.

대학생이 되자 모든 것을 내팽개치고 밴드 활동에만 전념했다. 남녀가 사이좋게 대학 생활을 즐기는 스포츠 동아리 친구들을 내심 부러워하면서도, 나는 나의 길을 가겠다고 정색했고 음악이나 복장의 취향도 유별나졌다.

시부야에 있던 마니아층의 레코드 가게에 틈만 나면 들렀고, 아무도 모를 것 같은 밴드를 찾아내고는 은근히 기뻐했다. 지금 생각하면 괴상망측한 머리 모양과 복장으로 거리를 활보하고 다니며 당시 유행했던 서퍼 스타일의 긴 머리를 비웃곤 했다.

당연히 우리 밴드가 연주하는 곡도 영문을 알 수 없는 비현실적인 곡이었다. 같은 동아리에 가요를 연주하는 밴드가 있었지만, 그런 음악을 할 바에는 차라리 죽는 게 낫다고 진지하게 생각했었다.

당시 나에게 **음악은 '나를 표현하고 내세우는 수단'이었기 때문에 듣는 사람을 전혀 생각하지 않았다.** 우리 음악이 싫다면 그건 듣는 사람의 잘못이라며 무시했다. 의리상 공연을 보러 온 친구나 녹음된 내 음악을 들은 당시의 여자친구에게는 그야말로 악몽이었을 것이다.

솔직히 그런 무례한 행동을 눈감아주게 할만한 재능도 없어 밴드는 전혀 빛을 보지 못했다. 작은 음반사이긴 하지만, 데뷔하는 지인들도 생기다 보니 좌절감과 패배감으로 의욕도 잃어갔다. 그리고 재능이 없다는 사실을 직시할 패기도 없어 무대 조명이 서서히 꺼지듯 밴드 멤버들과도 서서히 멀어졌다, 그리고 결국엔 음악 활동을 접고 말았다.

마케터처럼 ——— 살아라

◆ 관객이 어떤 곡을 들으면 즐거워할지를 생각한다

그로부터 20년 후인 2018년, 나처럼 한때 밴드를 했던 마케터 친구들과 지인을 모아 음악 이벤트를 개최했다. 나도 밴드를 결성해 기타와 보컬로 참여했다.

그때 나가부치 쓰요시의 곡을 경쾌하고 발랄한 스타일로 편곡해 연주했다. 하지만 사실 나는 나가부치 쓰요시의 열성 팬도 아니고 딱히 펑크스타일을 좋아하지도 않는다.

연주할 곡을 고를 때 먼저 **공연에 와 줄 친구와 지인의 모습을 떠올렸다. 그리고 어떤 곡을 연주하면 친구들이 기뻐할지를 생각했다.**

그 결과, 같은 세대의 누구나가 흥얼거릴 수 있고 즐겁게 추임새를 넣어가며 몸을 흔들 수 있는 빠른 템포의 곡이 좋겠다는 결론에 이르렀다. 그래서 연주할 곡을 '펑크스타일로 편곡한 나가부치 쓰요시의 곡'으로 결정했다.

공연은 성황리에 끝났다. 그때 참석했던 친구들은 아직도 "그때 나가부치 곡, 좋았어!"라고 한마디씩 한다. 나도 매우 즐거웠고, 그때 이벤트에 참가했던 사람들과는 아직도 정기적으로 술잔을 기울이고 있다.

20년의 세월이 지나 음악을 대하는 나의 자세는 정반대가 되었다. 그것은 **나의 입장에서 시작하고 있는지, 상대방의 입**

장에서 시작하고 있는지의 차이에서 비롯된 것이다.

나에게 이런 변화를 가져다준 것이 바로 **마케터의 관점**이다.

> 타인에게 관심을 갖지 않는 사람은 고난의 인생을 걸어야 하고, 타인에게도
> 큰 민폐를 끼친다. 인간의 모든 실패는 그런 사람들 사이에서 생겨난다.
> -알프레드 아들러 (『미움받을 용기』로 유명한 심리학자)

▶ **마케터처럼 POINT · 05**
나를 억제함으로써 오히려 빛나기 시작하는 사람도 있다.

상대방의 입장에서 시작하는 '마케터의 관점'으로 빛난다

◆ 기획은 접대다

그렇더라도 마케팅 일을 시작하자마자 그런 관점이 몸에 밴
건 아니다.

음악에 미련을 두면서도 그냥 화려한 느낌이 든다는 이유만
으로 광고 일을 선택한 나는, 일할 때도 '나를 표현하고 싶다'
라는 생각을 지울 수가 없었다. 그러다 보니 생각만큼 결과를
낼 수도 없었고, 앞이 보이지 않는 날이 계속되었다.

그러던 어느 날 예기치 않은 전환점이 찾아왔다. 아주 사소

한 일이었다.

당시 나는 외국계 기업에서 광고 기획을 담당하고 있었다.

어느 날, 본사 임원이 일본을 방문했는데 내가 접대를 담당하게 되었다. 그때 외국인 상사가 '엔터테인먼트' 담당을 나더러 맡아달라고 했던 것이다.

영어로 접대를 엔터테인먼트라고 한다. 그때 처음 그것을 알게 된 나는 갑자기 시야가 확 트이는 기분이 들었다.

그렇구나, 엔터테인먼트는 접대구나!!

접대인 이상, 시작 지점은 철저히 상대방이다. 상대방을 잘 파악하고 상대방의 입장에 서서 우리가 할 수 있는 최선을 다한다. 그게 바로 엔터테인먼트라는 것을 알았다.

광고가 멋있고 재밌는 이유는 관심을 유도하고 호감을 느끼게 하여 결과적으로 상품을 사도록 하기 위해 먼저 상대방을 즐겁게 할 필요가 있기 때문이다. 바로 단골 거래처를 골프로 접대하는 것과 같은 구조다.

그전까지 나는, 나의 머리와 기획력을 돋보이게 하려고만 했다. 그렇게 한다고 기획이 성공할 리도 없는데 말이다.

골프를 좋아하는 높으신 분을 내가 클럽을 좋아한다는 이유로 시부야의 클럽 이벤트에 모시고 간다면 어떨까? 보나마나 상대방은 화를 낼 게 뻔하다. 나는 기획을 할 때 이와 비슷한 일을 하고 있었던 셈이다.

◆ 상대방의 입장에서 시작한다는 깨달음

마케팅 관련 책을 이미 여러 권 읽었다. 돌이켜보면 그 책들에는 항상 '**고객의 입장에서 시작한다**'라는 관점이 있었다. 그랬던 것을 그저 읽는 데만 만족하고 업무에 활용하지 않았던 내가 부끄럽게 느껴졌다.

그 사실을 깨닫고 보니 **기획의 성공률이 눈에 띄게 높아졌다**. 상대방의 관점에서 상대방을 만족시키려고 노력하면 접대는 당연히 성공하게 마련이다.

업무 성과가 올라가고 업계에서 인지도가 높아지자 헤드헌터로부터 연락이 오기 시작했다. 정기적으로 스카우트 제안이 들어왔는데, 실제로 이직을 고려할 때의 판단 기준도 '어느 회사가 나를 내세울 수 있는 곳일까?'가 아닌, '어느 회사가 더 많은 사람에게 도움을 줄 수 있을까?'가 되었다. 핵심은 **더 많은 사람을 도울 수 있는 일을 하라**는 것이다.

나의 커리어도 이렇게 상대방의 관점에서 생각했다. **나를 내세우기보다 상대방에게 도움을 주는 일을 하자**는 의식을 가졌더니 업무 처리는 물론이고 승진에서도 속도가 확연히 달라졌다.

그리고 상대방의 입장에서 시작한다는 관점을 업무 외의 영역으로 넓혔더니 조금 과장해서 말하면 **인생 자체가 바뀌었다.**

다른 사람들 앞에서 이야기할 때는 먼저 듣는 사람을 제대로 파악하고, 듣는 사람이 바라는 것은 무엇인지를 생각했다. 그러자 부업으로 하기엔 너무 많은 강연, 연수 강사, 방송 출연 등의 의뢰가 들어왔다.

글을 쓸 때도 독자의 관점으로 구상하고 독자가 원하는 것을 늘 생각했다. 그러자 무심코 썼던 블로그가 주목을 받았고 기사의 기고나 연재의 의뢰가 들어와 결국에는 이렇게 책을 출판하기에 이르렀다.

SNS의 팔로워도 수백에서 수만 명으로 늘어났다.

아무리 사소한 역할이라도 상관없다. 우리들은 자신의 역할을 자각한 순간 비로소 행복해질 수 있다.

- 생텍쥐페리 (『어린 왕자』의 저자)

◆ **마케터의 관점은 인생 전체에 활용할 수 있다**

요컨대 나는 그런 마음가짐을 통해 **예전보다 훨씬 남들에게**

필요한 존재가 되었다.

아직 '성공한 사람'이라고 부를 정도의 커리어는 아니지만, 학창 시절이나 사회 초년생이었을 무렵과는 비교가 안 될 정도로 큰 만족감을 느끼고 있다.

나에게 특별한 재능이 없다는 사실은 잘 알고 있다. 만약 재능이 있었다면 필사적으로 나를 표현하려고 했던 학창 시절, 그리고 사회 초년생 시절이 결코 암흑시대는 아니었을 것이다.

그런 암흑시절부터 현재까지 약 20년에 걸쳐 **'삶의 지혜'가 되어준 마케팅**을 체득한 덕분에 나는 남들에게 필요한 존재가 될 수 있었다. 그런 삶의 지혜를 이 한 권의 책에서 아낌없이 전할 수 있기를 바란다.

나는 마케팅을 이해한 덕분에 업무에서 성공을 지속할 수 있었다. 그리고 그 관점을 삶의 영역으로 확대함으로써 커리어에 대한 새로운 계획을 세울 수 있었다. 더구나 한 개인으로서 정보 전달과 취미 생활도 충실히 할 수 있었다.

이 모든 것을 통해 나는 **세상을 구성하는 퍼즐 중 나만이 채울 수 있는 몇 개의 퍼즐 조각**을 찾아낼 수 있었다.

이 세상이 거대한 퍼즐 판이라면 그곳에는 빠져 있는 퍼즐 조각이 여러 개 있다. 세상은 이토록 풍요롭고 편리해졌지만 내 경우만 보더라도 곤란한 일, 고민스러운 일, 누군가의 도움이 필요한 일은 아주 많다.

그런 누군가의 마음에 난 구멍, 그리고 그 집합체인 **세상에서 빠져 있는 퍼즐 조각을 채우는 일**이 바로 '누군가에게 도움이 되는 일'이다.

어떤 사람의 능력과 재능은 세상의 한복판에 있는 커다란 퍼즐 조각에 딱 들어맞을지 모른다. 또 어떤 사람이 채울 수 있는 퍼즐 조각은 구석에 있는 작은 조각일 수도 있다.

허나 **이 모두가 세상에 없어서는 안 될 중요한 퍼즐 조각**이라는 것은 분명하다.

여러분에게도 틀림없이 여러분만이 채울 수 있는 '세상의 빠진 퍼즐 조각'이 있을 것이다.

지금부터 이 책과 함께 그 퍼즐을 찾아 나서자.

한 사람의 인생은 다른 많은 사람의 인생과 맞닿아 있다. 따라서 그 사람이 없으면 그곳에는 터무니없는 구멍이 생겨 버린다.
- 클라렌스 (영화 「멋진 인생 〈It's a Wonderful Life〉」의 나이 든 천사. 주인공 조지가 없는 가공의 세계를 보며)

> ▶ **마케터처럼 POINT · 06**
> 마케터처럼 산다는 건 나만이 채울 수 있는 세상의 빠져 있는 퍼즐 조각을 찾아 나서는 일이다.

차 례

PART 01
상대방을 도움으로써 나의 가치를 높이는
마케터처럼 산다는 사상

CHAPTER 01
마케팅은 사상이다

CHAPTER 02

마케팅이란 지혜의 결정체다

PART 02

일도 커리어도 인생도 향상시키는
'마케터처럼 살기' 4 STEP

STEP 01
시장을 정의한다

PART 1
THE ESSENCE OF MARKETING

상대방을 도움으로써
나의 가치를 높이는
마케터처럼 산다는 사상

마케팅은 사상이다

마케팅이란 가치의 교환을
디자인하는 일

마케팅의 정의

다시 말하지만, 이 책은 마케팅 교과서가 아니다. 마케팅은 자신과 상관없다고 생각하는 사람들이야말로 이 책을 읽고 **삶의 지혜가 되는 마케팅을 '일'과 '커리어', 그리고 '인생'에 적극 활용하기를** 바란다.

사실 **마케팅과 관계가 전혀 없는 사람은 별로 없다.**

이 말의 의미는 마케팅의 '정의'를 해석해 보면 알 수 있을 것이다. 더불어 이 책에 소개하는 마케팅 기술은 실제 당신이 평범한 일상에서 하는 일과도 관련되는 부분이 매우 많다는 것을 알 수 있을 것이다.

〈미국 마케팅협회〉라는 조직이 있다. 마케팅은 미국에서 시작된 만큼 미국이 원조라 할 수 있으니, 마케팅의 정의는 미국의 것을 먼저 참고하도록 하자.

혹시 몰라 미리 말해두는데 매우 난해한 문장이 나온다. 그러니 부디 당황하지 말라. 처음에는 이해하지 못해도 괜찮다.

> **마케팅의 정의**
> 마케팅이란 고객, 파트너, 사회 전체에 가치가 있는 제공물을 창조하고 알리고 전달하고 교환하는 활동·일련의 조직·프로세스이다.

상당히 난해하다고 할까, 아니 의미를 파악하기가 쉽지는 않다.

그러나 역시 원조는 원조다. 잘 읽어보면 심사숙고 끝에 내린, 본질을 꿰뚫는 정의다. 구체적인 예를 들어 설명하도록 하자.

다음 세 가지 요점을 파악해서 읽으면 마케팅의 정의를 훨씬 이해하기 쉬워진다.

요점 ① 마케팅이란　활동·일련의 조직·프로세스이다.

마케팅을 마케팅부나 광고부의 일로 생각하기 쉽다.

그러나 실행하는 것은 반드시 전문 조직일 필요는 없다. 그보다 애초에 **조직일 필요조차 없다. 활동이나 프로세스여도 된다.** (마케팅 조직, 마케팅 활동, 마케팅 프로세스)

당신이 회사에서 어떤 부서에 몸담고 있든 어떤 일을 하든 그 안에 마케팅이라 부를 수 있는 활동이나 프로세스가 있을 수 있다는 말이다.

요점② 마케팅이란……고객, 파트너, 사회 전체를 대상으로 한다.

'마케팅' 하면 고객을 상대로 한 비즈니스를 떠올리기 쉽다. **그러나 반드시 상대방이 고객일 필요는 없다.** 기업이 직원을 채용한다, 대학이 학생을 모집한다, 정치인이 투표를 호소한다, 자선단체가 기부금을 모금한다 – 이 모든 것에 마케팅이라고 부를 수 있는 활동과 프로세스가 있다.

실제로 대학에서 사용하는 마케팅 교재에는 자선단체나 정치단체의 마케팅에 관한 내용도 별도의 장에 정리되어 있다.

요점③ 마케팅이란……가치가 있는 제공물을 창조하고 알리고 전달하고 교환한다

그럼 마케팅이라고 부를 수 있는 활동과 프로세스란 구체적으로 무엇일까?

이 부분이 가장 핵심이다.

한마디로 말하면 **가치를 만들고, 알리고, 전달하고, 교환하는 것**이다.

◆ **마케팅이란 가치를 만들고, 알리고, 전달하고, 교환하는 것**

'기부'를 예로 들어 설명해 보자. 어떤 동물보호단체가 한 지역의 길고양이를 관리하고 보호하기 위해 기부금을 모은다고 가정하자.

이 단체는 '고양이가 행복하게 살 수 있는 사회'라는 **가치를 만든다.** 그 가치를 실현하기 위한 구조를 만들고, 활동을 포스터 등을 이용해 **널리 알린다.** 그럼 고양이를 좋아하는 사람이 그 포스터를 보고, 자신이 가진 돈이라는 가치를 '고양이가 행복하게 살 수 있는 사회'라는 **가치와 교환한다.** 단체는 그렇게 모은 자금을 사용해 실제로 고양이가 지역사회와 공생할 수 있는 활동을 하며, 그 내용을 후원자들에게 보고함으로써 **가치를 전달한다.**

이 단체는 일련의 활동으로 가치를 만들고, 알리고, 전달하고, 교환하고 있다.

즉, 이 단체의 활동은 마케팅 활동이다.

그런데 이 단체에는 마케팅을 위한 전문 조직이 없다. 또한 이 단체의 활동은 고객을 상대로 한 비즈니스도 아니다.

그러나 **가치를 만들고, 알리고, 교환하고, 최종적으로 전달하는 것까지 디자인하고 있다는 의미에서 이들의 활동은 마케팅 활동**이라고 할 수 있다.

> ▶ **마케터처럼 POINT · 07**
> 마케팅의 본질은 가치를 만들고, 알리고, 전달하고, 교환하는 것이다.

마케팅의 4단계

그렇다면 당신이 평소에 하는 일과 활동에도 마케팅의 요소가 있을 것이다. 혹은 일 전체가 마케팅 그 자체일 수도 있다.

마케팅이란 상대방의 입장에서 시작해 상대방에게 도움을 주고 상대방에게 필요한 존재가 되는 것이라고 말했다.

이 말을 조금 더 자세하고 쉽게 설명하면 **상대방이 추구하는 가치를 만들어내고, 그것을 알리고 전달하여, 상대방이 가지고 있는 다른 가치와 교환하는 것**이라고 표현할 수 있다.

상대방에게 도움을 준다는 것은 바로 상대방이 추구하는 가치를 만든다는 뜻이다. 그리고 그 가치를 상대방이 자신의 가치와 교환한다는 것은 그 가치가 상대방에게 필요하다는 증거이다.

즉, 마케터처럼 사는 우리는 **상대방이 추구하는 가치를 만들고, 그 가치를 알리고, 상대방이 가진 가치와 교환하는 활동을** 더욱 구체적으로 지향해야 한다.

이 책에서는 이 사고방식을 토대로 하여 마케팅을 다음 네 가지 과정으로 나누어 생각한다.

❶ 시장을 정의한다
❷ 가치를 정의한다
❸ 가치를 만든다
❹ 가치를 알린다

〈**시장을 정의한다**〉는 가치를 제공할 상대를 누구로 할 것인가를 정하는 과정이다.

어떤 사람에게는 천금의 값어치가 있는 수집품이라도 다른 사람에게는 그냥 쓰레기 취급을 받기도 한다. 가치는 상대방의 머릿속에서 지각^(의식)되는 것이기 때문이다.

대체 누구를 상대로 만드는 가치인가? 그 상대방을 결정하는 일이 모든 일의 출발점이다.

〈가치를 정의한다〉는 상대방이 추구하는 가치를 깊이 살피는 과정이다.

상대방이 무슨 일로 어려움을 겪고 있는지, 상대방이 무엇을 원하는지를 파악하고, 자신이 어떤 형태로 상대방의 문제를 해결하고 원하는 것을 제공할 수 있을지를 이 과정에서 곰곰이 생각한다.

〈가치를 만든다〉는 앞서 정의한 가치를 실제 형태로 만드는 과정이다.

당연한 말이지만 정의를 내렸다고 해서 가치가 저절로 생기는 것은 아니다. 가치를 실현하려면 상품, 서비스, 콘텐츠 등 형태를 만들어야 한다.

〈가치를 알린다〉는 실현한 가치를 상대방에게 정확히 알리는 과정이다.

상대방의 문제를 해결할 수 있는 상대방이 추구하는 가치를 애써 만들었는데, 상대방이 그 사실을 모른다면 결과적으로 상대방에게 도움을 줄 수 없다.

가치를 알리는 것은 **자신이 상대방에게 도움을 주기 위해 반드시 필요한 과정이다.**

각각의 단계에 대해서는 앞으로 자세히 설명하겠지만, 무엇보다 여러분이 하는 일 중 어떤 부분에서는 이 마케팅의 4단계가 반드시 연관되어 있음을 알아두길 바란다.

이 사실만 알면 마케팅의 사고방식과 기술을 실천할 기회는 생각하기에 따라 얼마든지 만들어낼 수 있다.

나는 업무에서도 커리어에서도 그리고 개인적인 SNS나 블로그 등의 활동에 있어서도 늘 상대방의 입장에서 먼저 생각하는데(나도 모르게 생각하고 마는데), 이런 습관은 어떻게 보면 마케터의 직업병 같은 것이다. 여러분도 이런 실천을 통해 마케터의 '긍정적인 직업병'을 익힐 수 있기를 바란다.

편하게 살고 싶은가? 그렇다면 '내가 하고 싶은 일'이 아닌 '내가 해야 할 일'을 하라.

- 벤저민 프랭클린 (미국 건국 아버지 중 한 명)

▶ 마케터처럼 POINT · 08
마케팅은 <시장을 정의한다>, <가치를 정의한다>, <가치를 만든다>, <가치를 알린다>. 네 단계로 이뤄진다.

마케팅은 모두에게 도움이 되는
사상이다

마케팅이라는 개념의 표현방식

외국어 표현이 들어와 외래어로 자리 잡은 용어들이 있다.

그것은 **외국에서 들어온 어떤 표현이 자기 나라의 언어에는 존재하지 않기 때문에 발생하는 언어 현상이고, 반대의 경우도 물론 존재한다.**

음식을 예로 들면 이해하기 쉬울 것이다. 김치나 초밥은 과거 영어권에는 존재하지 않았던 아주 새로운 음식이기 때문에 이들을 영어로 번역하려면 딱 들어맞는 말이 없다. 그래서 'Kimchi'나 'Sushi'라는 로마자 표기의 외래어로 영어권에 자리 잡게 된 것이다.

이러한 외래어의 형성은 사고방식이나 사상에 관해서도 마찬가지로 이뤄진다.

대표적인 예로, 비즈니스 세계에서 사용되는 사고방식이나 사상을 나타내는 일본어 중 그대로 영어권에서 외래어로 정착된 표현 중에 개선을 뜻하는 '가이젠(KAIZEN)'이라는 말이 있다.

고도경제성장기에 도요타자동차가 세계를 석권하자 미국의 학자들이 도요타의 생산방식을 연구했고, 그 덕분에 'KAIZEN'이라는 개념이 주목을 받았다. 1986년에 미국에서 출판된 이마이 마사아키의 저서 『KAIZEN』이 이 말을 보급하는 데 크게 한몫했다.

여기에서 말하는 가이젠이란 '모두가' '모든 프로세스를' '매일 조금씩' 좋게 만들어가자는 사고방식이다.

이전까지 영어권의 생산 현장에는 이런 발상이 없었다. 프로세스를 만들거나 바꾸는 사람과 그것에 따라 움직이는 사람은 명확하게 구분되어 있었다. 따라서 정해진 대로 움직이는 사람은 어떻게 보면 기계의 일부 같은 존재였다.

이와 달리 가이젠 방식에서는 직원 모두가 유기적인 존재로서(인간답게) 수체적으로 모든 프로세스를 조금씩 개선해 간다. 그 '조금씩'이 쌓이다 보면 티끌 모아 태산이라고 결국 큰 차이가 생기게 마련이나.

지금까지는 없었던 완전히 새로운 사고방식이자 사상이라
는 의미에서 'KAIZEN'이라는 일본어 표현이 영어에 그대로
받아들여졌던 것이다.

◆ 마케팅을 번역할 수 있는 말은 없다

마케팅은 이 가이젠의 반대 버전이다. 영어권에서 들어온
말이지만 번역할 정확한 말이 없어 외래어로 정착한 **아주 새로
운 사고방식이자 사상**이다.

가이젠은 도요타의 생산 현장에서 생긴 말이지만 그 적용
범위는 생산 현장을 넘어 비즈니스 전반으로 확대되었다. 얼마
뒤 그 말은 동종 업계를 넘어 다른 업종으로도 확대되었고 나
아가 심리치료나 코칭, 행정 등 비즈니스가 아닌 다른 분야로
까지 널리 확대되었다.

왜 이런 일이 일어날까? 그건 바로 가이젠이 단순한 업무의
노하우가 아니라 인간 이해에 뿌리를 둔 사상이기 때문이다.

마케팅도 마찬가지다. 마케팅은 주로 상품기획이나 광고 분
야에서 발전해 온 사고방식이지만 그 좁은 영역을 넘어 **모든
일의 진행방식과 존재방식을 변혁하는 힘**을 지니고 있다.

상대방의 관점에서 가치를 정의하고, 만들고, 알리고, 교환
함으로써 나도 상대방도 물리적으로 또 정신적으로 풍요로워

진다. 마케팅이란 바로 그런 **사상**이다.

여기서 한 번 더 강조하고 싶은 것은 가이젠이 활동의 중추인 생산 현장에서만 추구하는 사상이 아니라는 것이다. 가이젠은 생산 현장에 있는 직원뿐만 아니라 사장을 비롯한 생산 현장의 관계자 모두가 명심해야 하는 사상이다.

마케팅도 마찬가지다. 마케팅의 정의를 기억하는가? 그 정의 안에 '마케팅이란…… 활동, 일련의 조직, 프로세스다'라는 말이 있었다.

사장부터 말단직원까지 모두 '상대방의 입장에서 시작한다'라는 관점을 마음에 새기도록 해야 한다. **마케팅이라는 '사상'**은 때로는 조직, 때로는 활동, 때로는 프로세스의 형태로 **회사의 모든 장소에 존재할 수 있다.**

▶ **마케터처럼 POINT · 09**
마케팅은 모든 직종의 모든 사람이 활용할 수 있는 사상이다.

마케팅은 삶의 지혜가 되기도 한다

이 책 『마케터처럼 살아라』에서는 **마케팅**이라는 **사상**을 '삶의 지혜'로 삼아 일·커리어·인생에 활용할 것을 제안한다. 항상 내가 아닌 상대방의 입장에서 시작해 상대방이 추구하는 가치가 무엇인지를 깊이 있게 이해하고, 그 가치를 제공하여 상대방에게 도움을 주려고 하는 사고방식이 바로 마케팅이라는 사상이다.

자유주의나 민주주의 같은 사상에는 옳고 그름이 없다. 그 사상에 공감하는지 아닌지의 차이다. 마케팅이라는 사상도 마찬가지다.

하나의 사상에는 그에 대립하는 사상이 있다. '작은 정부주의'에 대립하는 '큰 정부주의'. '진보주의'에 대립하는 '보수주의'. 일의 흐름을 인간의 몸과 같은 유기적인 존재로 보는 '가이젠'에 대립하는 기계의 부품처럼 보는 '과학적 관리법'이 있다.

◆ 예술가처럼 산다

마케팅과 대립하는 사상이 있다면 그건 **예술주의**라고 할 수 있다. '아트'라고 해도 될 테지만 아트에는 기술이라는 뜻도 있어서 뜻을 구별하기 위해 굳이 예술이라는 단어를 사용했다.

내가 여기에서 말하는 예술주의란 **'자아'**, **'내적 존재'**, **'재능'**을 중시하는 사상이다. 자기 안에 잠들어 있는 재능을 발견하고 그 재능을 자유롭게 펼침으로써 세상에 임팩트 주는 것을 정의로 본다.

남들이 나에게 바라는 일이 아니라 내가 하고 싶은 일을 추구한다. '나는 누군가를 위해서가 아닌, 나 자신을 위해 태어났다'라는 말에 공감한다.

이런 특징으로 볼 때, **마케터처럼 사는 삶**에 대립하는 것이 **예술가처럼 사는 삶**이라고 할 수 있다. 이 두 삶(사상)은 표 1에서 보듯이 대조적이다.

예술가처럼 사는 삶을 부정하려는 것은 아니다. 오히려 과거에는 신봉했고, 지금도 멋지다고 생각하며 동경한다.

많은 사람을 매료시키는 재능을 가진 사람이 '예술가처럼 사는 삶'을 추구하고 세상을 바꿔 가는 이야기는 정말 감동적이다. 영화나 드라마로 만들어지는 존재는 그런 '예술가처럼 사는' 사람일 것이다. 그런 만큼 왜 많은 사람이 예술가처럼 사는 삶을 지향하는지도 이해가 된다.

개성을 중시하고 상식에 얽매이지 않는 발상으로 시대를 움직이는 이단아가 카리스마적 존재로 찬양을 받는다. 또 누구나 그런 삶을 지향해야 한다는 시대의 압박을 느끼는 사람도 있을 것이다.

	마케터처럼 사는 삶	예술가처럼 사는 삶
출발점	상대방	나
목 적	상대방에게 도움을 준다	나를 돋보이게 한다
개 성	나만의 방식으로 세상을 도와 실현	나의 재능을 자유롭게 풀어내고, 그 재능을 세상에 널리 알려 실현
천 직	다른 사람이 원하는 일	내가 하고 싶은 일
표 어	나만이 할 수 있는 방식으로 세상의 빠진 퍼즐 조각을 채운다	나는 누군가를 위해서가 아니라 나 자신을 위해 태어났다

겸허하면서도 야심적일 수 있는 유일한 방법은 타인의 이익을 위해 야심을 불태우는 일일지도 모른다.

- 존 헤네시 (스탠퍼드대학 명예학장, 구글 모회사 알파벳 회장)

◆ 마케터처럼 산다는 신념

그러나 실제로 **많은 사람을 사로잡는 재능을 가진 이는 매우 드물다.**

그런 재능이 없는 사람은 대체 어떻게 하면 좋을까?

재능을 가진 성공한 사람과 차이가 벌어져 기가 죽은 사람, 노력한 보람도 없이 무너진 꿈을 안고 살아가는 사람, 자기 재능이 도대체 무엇인지 모르는 사람. 이런 사람들이 빛날 수 있는 방법은 없을까?

있다. 바로 마케터처럼 사는 것이다.

세상이라는 퍼즐 판에서 나만이 채울 수 있는 퍼즐 조각은 반드시 존재한다. 많은 사람을 사로잡는 재능은 아닐지라도 여러분에게는 여러분만의 특별한 재능이 있다.

그 재능을 찾아내는 방법이 **자기표현이라는 굴레에서 벗어나 상대방의 입장에서 시작하기, 즉 마케터처럼 사는 것**이다.

예술가처럼 사는 사람의 인생은 인상적이고 보는 사람에게 감동을 준다. 아마도 그건 그러한 아티스트들이 자기만의 **신념으로** 살고 있기 때문일 것이다.

그러나 나는 **마케터처럼 사는 사람의 인생도 예술가처럼 사는 사람 못지않게 인상적**이라고 믿는다. 마케터처럼 사는 인생에도 우리 나름의 사상과 신념이 있기 때문이다.

그렇다. **마케팅이란 사상이자 신념이다.**

하나의 영혼이라도 구한 자는 세계 전체를 구한 자와 똑같이 존경받아 마땅하다. - 빅터 프랭클(『밤과 이슬』로 유명한 심리학자)

> ▶ **마케터처럼 POINT · 10**
> 마케터처럼 사는 삶이란, 많은 사람을 사로잡을 재능이 없는 사람이 빛날 수 있는 사상이자 신념이다.

마케터처럼 사는 아티스트

사상이란 범용적이어야 한다. 즉, **모든 사람이나 상황에 적용할 수 있어야 한다.**

이를테면 예술가처럼 사는 삶의 대표적 분야라고도 할 수 있는 음악의 세계에서도 마케터처럼 살면서 빛나는 아티스트가 있다.

'니시노 가나' 씨는 내가 경애하는 뮤지션 중 한 사람이다. 니시노 가나는 2014년 11월 25일에 실린 「Sponichi Annex」의 인터뷰에서 자신의 작사 과정을 이렇게 설명했다.

먼저 곡을 받고 나서 그 곡의 이미지를 떠올리며 어떤 노래를 만들지 개요를 쓴다. 그다음에 긴 가제를 붙이고 주인공을 설정한 다음 가사를 쓰기 시작한다. 가사도 굉장히 길게 쓴다. 그런 후 설문조사를 하는데 이때의 조사가 중요하다. 설문조사 결과를 바탕으로 첨삭해 간다. 가장 중요하게 느껴지는 표현은 후렴구나 후렴구 앞뒤에 넣는다. 제목도 첨삭해서 짧게 줄인다.

니시노 가나의 이런 작사 과정은 **소비재 대기업이 상품을 개발하는 프로세스와 아주 유사하다.**

그렇다고 그녀가 그런 기업에 근무한 경험이 있는 것도 아닌 듯하니 이 프로세스는 니시노 가나만의 작사법일 것이다. 소비재 대기업은 여러 해에 걸쳐 실패와 성공을 거듭하면서 그 프로세스를 만들어냈다는 사실에 견줘보면, 혼자서 그 경지에 도달한 니시노 가나가 놀라울 따름이다.

그러나 **성공한 소비재 대기업과 일본을 대표하는 아티스트가 최종적으로 같은 결론에 도달했다는 사실은 놀랄 일이 아니다.** 둘 다 지향하는 바가 같기 때문이다.

바로 '좋은 것을 만들어 많은 사람을 기쁘게 하고 싶다'라는 목표다.

그런 바람을 이루기 위한 철저한 노력 끝에 P&G나 유니레버는 세계적인 소비재 기업이 될 수 있었고, 니시노 가나는 일본을 대표하는 아티스트가 될 수 있었다.

SNS상에서는 그런 니시노 가나의 작사법을 비판하는 의견도 있다. 그중 누군가는 그녀가 히트곡을 만들고 싶은 욕심에 아티스트로서의 신념을 굽히고 있다고 말한다. 하지만 니시노 가나를 긍정적으로 평가하는 사람 중에는 음악도 어차피 비즈니스이므로 전문가라면 타협도 필요하다는 취지의 의견을 내놓는 사람도 있다.

나는 두 의견 모두 틀렸다고 본다. 니시노 가나는 **자기만의**

신념을 가지고 설문조사를 한 후 가사를 만들었다고 생각하기 때문이다. 신념을 굽힌 것이 아니라 신념 자체가 다르다.

> 괴로움에서 벗어나는 방법은 단 하나. 타인을 기쁘게 하는 것. 내가 무엇을 할 수 있을지를 생각하고 그 생각을 실행하면 된다.
> – 알프레드 아들러(『미움받을 용기』로 유명한 심리학자)

◆ 좋고 나쁨의 기준은 내가 아닌 상대방에게 있다

같은 인터뷰에서 니시노 가나는 이런 말도 했다.

"나의 의견을 고집하기보다 좋은 노래가 완성되는 것이 더 좋다."

이 인터뷰 글을 보면 **'좋은 노래'의 정의는 자기에게 있지 않다**는 생각을 엿볼 수 있다. 그렇다면 그 정의는 어디에 있을까? 바로 노래를 듣는 이에게 있을 것이다. 청중에게 아부하는 게 아니라 **처음부터 만들고 싶은 '좋은 노래'의 정의가 다르다.**

이 말에서 한결같고 확고한 사상이 크게 느껴진다. 좋은 노래의 정의, 즉 노래의 가치는 청중의 내면에 존재한다. 그래서 청중의 의견을 듣고 그것을 반영했을 때 비로소 좋은 노래가 탄생한다.

그것이 히트곡이 되는 것은 '좋은 노래'를 만들었기에 얻어진 결과일 뿐이다. 니시노 가나는 히트곡만을 만들고 싶은 것이 아니라 그저 **자기의 신념을 좇아 좋은 노래를 만들고 싶은 것뿐이다.**

이런 니시노 가나의 삶이 얼마나 멋지고 인상적인가!

그리고 벌써 알아챘겠지만, **이 사상은 바로 마케팅 그 자체**다.

사상으로서의 마케팅은 매우 범용적이다. 마케팅은 때로는 세계적인 대기업을 만들어내고 때로는 시대를 대표하는 히트곡과 아티스트를 만들어낸다.

마케팅을 사상으로 내걸고 흔들림 없이 그 사상을 이루어내는 것이 중요하다.

그런 자세로 살다 보면, 우리의 인생은 아티스트처럼 사는 저명인사나 영향력을 가진 사람들에게 뒤지지 않을 만큼 멋지고 인상적이며 충실해질 것이다.

"만약 특수한 능력이 있다면 무엇을 하고 싶어?"
"사람들을 치유할 거야."

- 테일러 스위프트 (뮤지션)

> ▶ **마케터처럼 POINT · 11**
> '마케터처럼 사는 삶'과 '예술가처럼 사는 삶'은 사상의 차이일 뿐, 높고 낮음의 우열을 가릴 수는 없다.

일
–

- 당신이 평소에 하는 업무 중, '마케팅'이라고 할만한 것을 목록으로 만들어 보라.

커리어
–

- '예술가처럼 일할지' '마케터처럼 일할지' 생각해 보라

개인의 삶
–

- 당신의 취미나 자원봉사 활동 가운데 '마케팅'이라고 할만한 것을 목록으로 만들어 보라

CHAPTER
02

마케팅이란
지혜의 결정체다

상대방을 이해하고 상대방의 기대를
채우기 위해 이루어진 장대한 실증실험

이 책에서는 지금까지 마케터처럼 산다는 것의 의미를 설명했다. 이제부터는 **어떻게 해야 마케터처럼 살 수 있을지**를 생각해 보자.

마케터처럼 산다는 건 항상 상대방의 입장에서 시작해 상대방을 이해하고 상대방의 기대를 채워가는 삶이었다. 그러나 이해하는 것만으로는 충분하지 않다.

상대방을 이해하고 그 기대를 채운다고 말로 하기는 쉽지만 '상대방은 누구인가?', '그 기대란 무엇인가?', '그 기대를 어떻게 만족시키면 좋을까?'를 파고들면 이 문제는 꽤 만만찮음을 깨닫게 된다.

큰 성공을 거둔 어느 회사의 사장에게 "성공의 비결은 무엇인가요?"라고 물으면, "고객을 파악하고 고객의 기대를 만족시키는 것뿐이죠."라고 말할지도 모른다.

그러나 성공의 비결을 알았다고 해서 누구나 똑같이 큰 성공을 거둘 수는 없다. **고객을 파악하고 고객의 기대를 채우는 방식은 무한에 가까울 정도로 많기 때문이다.**

마케팅은 그 '방식'을 철저히 규명한 '실천 지식'이기도 하다.

마케팅은 곧 사상이라고 했는데 사상은 말로만 해서는 의미가 없다. 말로만 하면 그저 공상이 되고 만다.

이상을 꿈꾸는 데 그치지 않고, **그 이상을 실현하기 위해서 어떻게 해야 할지까지 파헤쳐야 한다.** 그런 지혜의 영위를 이 책에서는 '사상'이라고 부르기로 한다.

마케팅이란 공상이 아닌 사상이다. 왜냐하면 마케팅은 실천 지식을 동반하기 때문이다. 그리고 그 실천 지식은 '**상대방을 파악하고 그 기대에 부응하는**' 거의 무한에 가까운 다양한 방식을, 세계 속의 기업들이 수십 년에 걸쳐 경험한 끝에 일어낸 장대한 실증실험의 결과인 것이다.

기업도 개인도 이런 마케팅의 실천 지식을 사용하지 않을 이유가 없다.

뒤에 나올 PART 2에서는 그런 실천 지식을 한번 쭉 훑어볼 것이다. 그리고 그것을 마케터처럼 사는 개인의 삶에까지 확대함으로써 일, 커리어, 인생이 어떻게 달라지는지를 설명할 것이다.

영속적인 성공을 거둔 사람들은 주변 사람들을 위한 봉사에 필사적으로 몰두하는 일이 고스란히 자신을 위한 일이 된다는 사실을 자각하고 있다.
- 제리 포라스(『성공하는 기업들의 8가지 습관』 저자)

▶ 마케터처럼 POINT · 12
마케팅이란 '상대방을 파악하고 상대방의 기대를 채우는' 방식을 전 세계의 기업들이 시행착오를 거듭한 결과로 얻은 실천 지식이다.

마케팅에 관한 세 가지 오해

PART 2에서 구체적인 실천 지식을 하나하나 살펴보기 전에, 먼저 그 전체상을 파악해 두어야 더 이해하기 쉬울 것이다. **마케팅의 본질**을 중심에 두고 '여기부터 여기까지가 마케팅이다'라는 자신이 할 수 있는(또는 자신이 해야만 될) **수비범위**를 머릿속에 그려두자는 얘기다.

그러나 '시장을 정의한다, 가치를 정의한다, 가치를 만든다, 가치를 알린다'라는 설명만으로는 구체적인 이미지가 잘 떠오르지 않을 것이다.

마케팅이라는 말은 자칫 오해하기 쉽다. 마케팅이 싫다고 공언하는 사람이 있는데, 가만히 이야기를 들어보면 그들은 단순히 마케팅의 본질과 수비 범위를 오해하고 있을 뿐이다.

그러므로 CHAPTER 2에서는 널리 퍼져 있는 **마케팅의 오해**를 풀고 마케팅의 본질과 수비 범위를 보다 구체적으로 이해할 수 있기를 바란다.

마케팅에 관한 세 가지 오해를 푼 뒤에는, 마케팅의 실천 지식 가운데 먼저 대표적인 세 가지를 소개하겠다. 그런 실천 지식이 여러분의 일, 커리어, 인생을 어떻게 바꿔 주는지도 이 장에서 구체적인 예를 들어 생각해 보자.

오해 1　마케팅은 광고다
→ 상품력을 높이는 일도 마케팅이다

마케팅이 싫다는 사람의 의견을 들어보면 마케팅과 프로모션을 같은 것으로 오해하는 경향이 많은 것 같다.

"요즘에는 실력이 아닌 마케팅으로 인기를 끄는 아이돌도 많은데, 나는 노래 자체로 승부하는 실력파 아티스트가 좋다."라는 의견을 SNS에서 본 적이 있다. 말하려는 의도는 잘 알겠지만 마케터 입장에서 보면 참 답답한 발언이다.

아마 여기에서 말하는 마케팅은 팬 미팅이나 방송 매체 노출 같은 프로모션 활동'만'을 가리키는 것이리라.

그러나 **마케팅이란 어떤 가치를 만들어야 하는지를 정의하**

는 일에서 시작해, 실제로 그 가치를 만들어내는 과정이기도 하다. 이때의 가치는 '노래 자체로 승부한다'라고 말할 때의 '노래 자체'일 것이다. 고로 '노래 자체의 승부'도 마케팅의 범주에 든다.

애써 훌륭한 작품을 만들었다고 하더라도 그 작품이 제대로 알려지지 않으면 결국 상대방이 추구하는 가치는 실현되지 않는다. 프로모션도 가치 실현의 중요한 일부인데, 이에 대해서는 다음 '오해 2'에서 자세하게 설명하기로 하자.

◆ 프로모션은 마케팅의 일부에 지나지 않는다

마케팅은 잘 모르더라도 '마케팅의 4P'를 아는 사람은 많지 않을까? E·J·매카시라는 사람이 1960년에 제창한 개념이다.

지금이야 다소 오래된 개념이긴 하지만, 여전히 마케팅 입문서에 자주 등장한다. 다음이 그 '4P'다.

Product : 상품 = 무엇을 만들까?
Price : 가격 = 얼마에 팔까?
Place : 판로 = 어디에서 팔까?
Promotion : 광고 = 어떻게 알릴까?

프로모션은 전체의 4분의 1밖에 되지 않는다.

참고로 CHAPTER 1에서도 설명했듯이, 이 책에서는 마케팅을 다음 네 가지 프로세스로 구분하여 생각한다.

❶ 시장을 정의한다
❷ 가치를 정의한다
❸ 가치를 만든다
❹ 가치를 알린다

4P와 비교하면 'Price', 'Place'가 빠져 있고, 'Product'가 세 가지로 세분화되어 있다. 이른바 마케팅 담당자가 아니어도 활용할 수 있고, 업무방식이나 생활방식에도 응용할 수 있도록 핵심적인 부분만 모아놓은 버전이라고 보면 된다.

프로모션은 '가치를 알린다'에 포함되기 때문에 여기에서도 4분의 1에 불과하다.

간단하게 설명했지만, '마케팅=프로모션'이라는 생각은 중대한 오해라는 걸 알 수 있을 것이다.

▶ **마케터처럼 POINT · 13**
프로모션은 마케팅의 일부분일 뿐이다.

오해 2 정말 좋은 상품을 만들면 마케팅은 필요 없다
→ 좋은 상품인데도 알려지지 않은 상품은 매우 많다

오해 2는 먼저 오해 1이 전제된다.

실제로는 좋은 상품을 만드는 일도 마케팅의 일부이며, 나아가 무엇을 기준으로 좋은 상품이라고 할 것인지까지를 규명하는 것이 마케팅이다.

이 부분은 일단 놔두고, 그럼 정말 좋은 상품을 만들면 광고는 하지 않아도 될까?

그 생각은 틀렸다고 단언할 수 있다.

일본국세청에서 펴낸 『청주제조업 현황(2018년도 조사분)』을 보면, 일본에는 1,371곳의 전통주 제조업체가 있다고 한다. 상표 수로 하면 적어도 배 이상은 될 것이다.

백화점 지하매장이나 여행지 등에서 우연히 맛본 일본 전통주가 놀라울 정도로 맛있게 느껴진 적은 없는가? 전통주 제조업체 가운데 대를 이어온 곳도 많기에, 저마다 수십 년 혹은 수백 년에 걸쳐 빚어온 전통 비법의 맛일 것이다. 명주가 많은 것도 그 때문이다.

그런데 여러분은 그중 몇 개나 알고 있을까?

특별히 일본 전통주를 좋아하는 사람이 아니라면 다섯 개

이하 정도가 아닐까? 나의 경우는 큰 인기를 끌었던 상품 중에서 〈닷사이〉, 〈지콘〉, 〈주욘다이〉 정도를 알고 있다.

그런데 내가 아는 세 종류 상품을 제외한 나머지는 좋은 상품이 아니라고 할 수 있을까? 온갖 정성을 다해 만든 일본 전통주를 잘 팔리지 않는다는 이유로, 그리고 내가 모른다는 이유로 좋은 상품이 아니라고 단정할 수 없다.

일본의 전통공예품 중에도 장인의 솜씨와 마음이 담긴 정말 좋은 상품은 아주 많다. 그런데도 다수의 전통공예가 존속의 위기에 처해 있다.

정말 좋은 상품이라도 그것을 많은 사람에게 널리 알릴 기회가 없으면 팔리지 않는다는 사실이 이런 사례에서도 분명하게 나타난다.

◆ 입소문 뒤에는 '필사의 노력'이 있다

정말 좋은 상품을 만들었다면, 그것이 **정말 좋은 상품일수록 오히려 많은 사람에게 확실히 알려야** 한다.

확실히 알리는 데 반드시 많은 예산이 드는 광고만 있는 건 아니다. 적은 금액으로 시작할 수 있는 지역 매체나 인터넷 광고도 많다.

SNS를 통해 몇 년에 걸쳐 정보를 발신한 끝에 서서히 팬을 늘려 결국 인기를 얻은 브랜드도 있다. 매체에 노출시키거나 유명인을 이용해 주목을 끄는 것도 한 방법이다.

언뜻 보기에 입소문만으로 급속히 인기를 얻은 것처럼 보이는 상품도, 사실은 그 뒤에 **상품을 알리기 위한 필사의 노력**이 있다. 가게 앞에 손님들이 늘 장사진을 이루고 있어 좀처럼 사기 힘들 정도로 인기가 많은 도넛 가게가 있는데, 이곳도 화제가 되기 전에는 직원들이 모두 나와 방송국 앞에서 도넛을 나누어 주었다고 한다. 정보프로그램의 PD를 우연히라도 만날 수 있다는 희망을 품고서 말이다.

그런 필사의 노력은 보통 겉으로 잘 드러나지 않는다. 상품 자체의 힘을 연출하고 싶은 PD의 입장에서는 그런 필사적인 모습을 공공연하게 드러내고 싶어 하지 않는다.

따라서 입소문으로 알려졌다는 결과에만 눈이 가기 쉬운데, **상품을 만들어 놓기만 하고 아무 노력도 하지 않은 히트상품은 실제로는 거의 존재하지 않는다.**

◆ 광고를 중시한 성공한 경영자들

일론 머스크 등과 함께 페이팔을 창업한 피터 틸은 기업가로도 투자가로도 저명한 인물이다. 페이스북의 가능성을 일찌감치 꿰뚫어 보고 투자를 하여 거액의 부를 얻은 것으로도 유명하다.

그런 그가 저서 『Zero to One』에서 다음과 같은 말을 했다.

〈실리콘밸리의 얼간이들은 광고 및 마케팅, 영업에 회의적이다. 형식적이고 비합리적이라고 생각한다. 그러나 실제로는 광고가 효력을 발휘한다. 광고에는 효과가 있다.〉

'얼간이들(nerds)'은 좀 심한 표현이긴 하지만, 그만큼 광고를 경시하는 그들의 자세가 참기 어려웠던 모양이다.

파나소닉 창업자인 마쓰시타 고노스케도 다음과 같은 말을 했다.

〈우리 같은 기업인과 상인들은 '당신이 이 상품을 사용하면 편리하고 이익이 될 것이다.'라는 사실을 소비자에게 알릴 의무가 있다. 그 의무를 다하기 위해 '광고'를 하는 것이다.

알릴 가치가 있는 상품을 만들었을 때 비로소 광고할 필요가 생긴다. 광고도 할 수 없는 상품이라면 제조를 멈춰야 한다.〉

이 글은 2018년 6월 12일 〈AERA dot.〉에 실린 다케바야시 아쓰미의 기사에서 인용한 것이다.

다케바야시 아쓰미는 마쓰시타 고노스케를 가리켜 다음과 같이 말하기도 했다.

〈무릇 모든 비즈니스는 가치와 대가의 교환이고, 가치를 인정하는 사람은 철저히 고객이라는 사실을 고노스케는 사업을 시작할 때부터 피부로 느끼며 익혔을 것이다.〉

여기까지 읽은 독자라면 **이 생각이야말로 마케팅의 본질**임을 알았을 것이다. 그런 의미에서 마쓰시타 고노스케는 일본의 '마케터 원조'라고 할만하다.

스티브 같은 방식으로 마케팅에 관여하는 CEO는 없다. 매주 수요일 새로운 텔레비전 광고, 포스터, 옥외광고까지 하나하나 그가 직접 확인하고 승인한다.
- 리 클로우(스티브 잡스의 동지 크리에이티브 디렉터)

▶ **마케터처럼 POINT · 14**
프로모션은 가치를 전달하기 위한 의무다.

오해 3   고객의 의견을 들으면 혁신은 일어나지 않는다
   → 고객의 의견을 듣고 탄생한 혁신은 아주 많다

◆ **스티브 잡스와 P&G 중 어느 쪽이 옳았을까**

다음은 스티브 잡스가 좋아했던 인용구다.

〈만약 내가 무엇을 원하느냐고 물었다면 사람들은 '더 빠른 말'이라고 대답했겠지.〉

이 말을 한 주인공은 자동차의 아버지 헨리 포드다.

자동차가 양산되기 전 사람들의 이동 수단은 말과 마차였다. 그 시대 사람들에게 어떤 이동 수단을 원하는지 물었을 때, 자동차라는 새로운 가치를 그 자리에서 상상할 수 있었던 건 포드나 칼 프리드리히 벤츠의 선견지명뿐일 것이다.

그리고 그런 포드와 벤츠의 현대판이 스티브 잡스와 그의 동지였던 디자이너 조너선 아이브라고 할 수 있다.

그러나 스티브 잡스가 포드의 이 말을 좋아했다는 사실만 가지고 고객의 의견을 들으면 결코 혁신은 일어나지 않는다고 결론짓는 건 너무 경솔하다.

실제로 **항상 고객의 의견에 귀를 기울이는 마케팅 기업인 P&G는 지금까지 많은 혁신을 이루어냈다.** 그중에서 대표적인 예로 세제를 들 수 있다.

요즘 집에서 '가루세제'를 사용하는 사람이 얼마나 될까?

아마 젊은 사람 중에는 가루세제를 모르는 사람도 많을 것이다.

이제는 당연해진 '액체세제'는 1970년대에 P&G가 만들어낸 혁신이었다. 그리고 앞으로 몇 년 후면 P&G의 새 혁신인 '캡슐세제'가 액체세제를 망각의 저편으로 날려버릴지도 모른다.

P&G든 경쟁업체인 유니레버든 소비재 대기업은 대규모의 연구개발 조직을 가지고 있다. 고객이 아닌 연구실에서 비롯된 혁신도 아주 많다. 그러나 그런 기업에서는 실험실에서 탄생한 아이디어라도 반드시 고객과 대화를 나눈 후에 상품화한다. 고객의 의견을 들었을 때, 오히려 혁신은 확실해지기 때문이다.

스티브 잡스가 좋아했던 인용구는 '(사람들에게) 무엇을 원하느냐고 물었다면'이었다. 그러나 **마케팅 조사는 그렇게 단순하지 않다.**

그러니 사람들에게 무엇을 원하는지 물어본 결과, 더 빠른 마차를 제조했다가 포드에게 완전히 패배한 업체가 있었다고 한다면, 그것은 고객의 의견을 들은 것 자체가 아니라 **듣는 방식에 문제가 있었을 것이다.**

◆ 진정한 목적은 고객을 파악하는 일

고객의 의견을 듣는다는 말은 비유적인 표현이다. 진정한 목적은 **고객을 파악하는 일**이고 고객의 의견을 듣는 건 하나의 방법일 뿐이다.

고객이 말로 하지 못하는 것이나 의식조차 하고 있지 않은 것까지 모든 것을 파악하기 위해 마케터는 다양한 방법을 사용한다.

저 유명한 지그문트 프로이트의 사상을 공유한 심리학자 에르네스트 디히터는, 소비자의 심층심리를 분석해 마케팅에서 유용하게 쓸 수 있는 방법을 개발했다. 그것이 바로 리서치의 원조라고도 할 수 있는 '모티베이션 리서치^(구매동기조사)'이다. 1907년 빈에서 태어난^(신기하게도 사상 첫 양산 자동차인 T형 포드보다 1년 선배) 디히터는 유대인이었기에 나치즘이 대두하는 유럽을 뒤로하고 미국으로 망명해 '광고의 도시' 뉴욕의 매디슨 가에서 가장 사랑받는 사람이 되었다.

이 모티베이션 리서치로 만들어진 몇 가지 마케팅법은 그 후 광고 업계에서 표준이 되었고 오늘날에도 종종 사용되고 있다.

이를테면 자동차 마케팅에서는 매출에 거의 기여하지 않는 스포츠카를 광고에 사용하거나 대리점의 눈에 띄는 장소에 전시하는 일이 종종 있다. 이 방법은 디히터가 1930년대 후반에 크라이슬러를 위해 실시한 조사에서 발견한 통찰에 바탕을 두고 있다.

당시 오픈 스포츠카는, 운전할 일이 많은 가정이 있는 중년 남성의 '바람기'를 자극했다고 디히터는 분석했다.

오픈 스포츠카는 섹시하고 동경의 대상이지만 실제로는 절대 구입할 수 없었다. 그건 마치 '금단의 사랑'과 같았다. 그렇게 중년 남성은 오픈카의 거역할 수 없는 매력에 끌려 자기도 모르게 대리점에 발을 들여놓게 되는 것이다.

지금 들으면 이 이론에는 상당히 미심쩍은 부분도 있다. 당시 유행하던 심층심리를 무엇이든 '성'과 연결지어 생각하는 프로이트 심리학의 영향이 엿보인다.

그러나 **단순히 의견을 듣기만 해서는 알 수 없는 소비자의 마음속을 살폈다는 것이 중요하다.** 그 결과, 크라이슬러를 성공으로 이끌었고, 현재까지도 여러 자동차 제조업체는 '스포츠카는 고객을 유인하기 위한 모델'이라는 생각을 가지고 있게 되었다.

심층심리는 자기 자신도 의식하지 못한다. 의식하고 있어도 남들에게는 결코 말하지 않는다.

당시 가정이 있는 중년 남성에게 그저 단순히 "어떤 차를 원

마케터처럼 ─── 살아라

하시나요?"라고 물었다면 "가족이 함께 탈 수 있는 안전한 패밀리카요"라는 대답밖에 돌아오지 않았을 것이다. 그리고 "어떤 매장에 방문하고 싶습니까?"라고 물었을 때 "바람기를 자극하는 오픈카가 전시되어 있는 매장이요"라고 대답할 사람은 있을 리가 없다.

그런 통찰에 이르기 위해서는 **상대방이 자각하고 있어도 말로 하지 못하는 것이나 애당초 자각조차 하지 못하는 것을 이끌어내는 '마음가짐과 지식'이 필요**하다. 이 마음가짐과 지식에 대해서는 뒤에 구체적으로 설명하겠다.

◆ 카리스마가 없는 사람이 혁신을 일으키는 방법

스티브 잡스는 말하지 않아도 다 아는 천재이자 카리스마를 지닌 사람이다. 스티브 잡스라면 분명 소비자와 깊은 대화를 나누지 않아도 많은 사람이 심층심리 단계(마음속 깊은 곳)에서 원하는 상품을 계속해서 만들어낼 수 있었을 것이다.

그러나 스티브 잡스는 스티브 잡스일 뿐이다. 한번은 미국인 동료에게 일본에는 스티브 잡스 같은 혁신가가 없다고 했더니, 그 동료가 **"미국에도 한 명밖에 없어"**라고 대답해 놀란 적이 있다.

그럼 카리스마가 없는 사람은 어떻게 하면 좋을까? 어떻게 하면 혁신을 일으킬 수 있을까?

그러려면 역시 **고객의 입장에서 시작해야** 한다. 알고 있어도 말로 하지 못하는 것이나 애당초 자각조차 하지 못했던 것까지도 포함해 고객을 파악해야 한다.

마케터처럼 사는 것은 스티브 잡스와 같은 카리스마를 가지고 있지 않은 사람이 작은, 그리고 때로는 큰 혁신을 만들어내는 가장 확실한 방법이기도 하다.

> 이 세계에서는 사람들이 원하는 물건을 만드는 것이 혁신이다. 비록 무엇을 원하는지 아직 모르더라도 말이다.
>
> -존 헤네시 (스탠퍼드대학 명예학장, 구글 모회사 알파벳 회장)

▶ **마케터처럼 POINT · 15**
고객의 의견을 듣는 일은 혁신을 일으키는 하나의 방법이다.

가장 중요한 세 가지 실천 지식

마케팅은 고객을 파악하고 고객의 기대를 채우기 위한 무수한 방식을 전 세계의 기업이 수십 년에 걸쳐 시행착오를 거듭한 실증실험의 축적이다.

'마케터처럼 사는' 삶을 지향하는 우리로서는 그런 인류의 뛰어난 지혜를 활용할 수밖에 없다. PART 2에서는 실천 지식을 '네 단계'로 나누어 차례로 소개할 것이다.

여기에서는 그중에서도 대표적이면서 여러분의 **'일'**, **'커리어'**, **'인생'과 직결되는 세 가지를 선별했다.**

마케팅의 숲으로 깊숙이 들어가기 전에, 먼저 공원에서 열리는 오리엔테이션에 참가해 대표적인 장비의 사용법을 배우고 그 효과가 어느 정도인지 미리 한번 체험해 보도록 하자.

지각적 가치와 정서적 가치

◆ 상대방이 느끼지 못하는 가치는 없는 것이나 마찬가지

첫 번째로 소개하는 것은 **지각적 가치와 정서적 가치**다.

마케팅이란 결국 '상대방이 추구하는 가치를 만들고, 그 가치를 알리고 전달하여, 상대방이 가진 가치와 교환하는 일'이었다. 이때의 가치는 **상대방이 느낄 수 있는 가치**를 뜻한다.

반대로 **상대방이 느끼지 못하면 거기에는 가치가 없다**고 볼 수 있다. 이런 의미에서의 가치를 '지각적 가치'라고 한다.

예를 들어 생수는 크게 '연수'와 '경수'로 나뉜다. 미네랄 성분이 적어 맛이 순한 물이 연수이고 미네랄 성분이 많아 맛이 거친 물이 경수다.

같은 연수라도 미네랄이 포함된 양이 미세하게 다르지만, 그 차이를 알 수 있는 사람은 거의 없을 것이다. 사실 성분이나 맛에 차이가 있어도 소비자는 거의 느끼지 못한다.

이렇게 미세한 성분이나 맛의 차이가 영양학적으로는 의미가 있을지 몰라도 **마케팅에서는 가치의 차이로 보지 않는다.**

일본에서 취수되는 천연수는 기본적으로 연수다. 따라서 생수 제조업체는 미세한 성분이나 맛의 차이와는 별개의 요소로 경쟁업체와의 차별화를 꾀해야 한다.

◆ 가치란 기능성만으로 정해지지 않는다

이쯤에서 다시 한번 **지각적 가치**를 생각해 보자.

마케팅의 관점에서 보면, 실제로는 차이가 있어도 상대방이 차이를 느끼지 못하면 가치가 되지 않는다. 바꿔 말하면 **실제로는**(물건이라면 물리적으로) **차이가 없더라도 상대방이 어떠한 차이를 느끼면 그것은 곧 가치가 된다.**

이를테면 세련되고 감각적인 느낌이 나는 생수에는 '이 물을 마시고 있으면 다른 사람들에게 멋진 사람으로 비칠 수 있다'라는 가치가 있을지 모른다. 또 친환경을 추구하는 생수에는 '이 물을 마심으로써 환경을 중시하는 사람에게 행복감을 준다'라는 가치가 있을지도 모른다.

이처럼 사용자에게 '도움이 될까'가 아니라 **사용자에게 '의미가 있을까'를 묻는 가치를 마케팅에서는 정서적 가치라고 한다.** ('도움이 되다'와 '의미가 있다'라는 표현은 베스트셀러 작가인 야마구치 슈의 표현을 빌려온 것이다.)

슈퍼에서 처음 본 무명의 생수가 〈볼빅〉이나 〈이·로·하·스〉와 똑같은 가격으로 판매된다면, 어떤 물을 살까? 유명 브랜드의 물이 비싸기는 해도 가격 차이가 거의 나지 않는다면?

대부분의 사람은 〈볼빅〉이나 〈이·로·하·스〉를 고를 것이다. 맛의 차이는 거의 없으므로 **그런 선택을 한 데는 분명히 다른 가치가 작용했을 것이다.** 바로 그것이 **정서적 가치**다.

◆ 지각적 가치와 정서적 가치를 평소의 일에 활용한다

이 지각적 가치와 정서적 가치의 개념을 알면 **모든 직종에서 업무 역량이 크게 확대될 것이다.**

예를 들어 법인을 상대로 한 영업에 나설 때도, 자기가 생각하는 상품의 특징이 아닌 상대방이 보고 느끼는 가치에 초점을 맞추면 승률이 높아질 것이다.

자사 제품의 인쇄기가 경쟁업체의 제품보다 '저소음' 면에서 우수하다고 가정하자. 이 회사는 무엇보다 저소음 기능에 공을 많이 들인 만큼 그 부분을 반드시 강조하고 싶을 것이다(자신이 느끼는 가치). 그러나 어차피 시끄럽게 돌아가는 공장 내부의 기계들 때문에 애당초 소리에 신경 쓰지 않는 고객에게는 저소음 기능은 아무런 가치도 없을 것이다(상대방이 느끼는 가치).

그런데 만약 그 고객은 '공장에 문제가 발생했을 때 기계의 소음들 때문에 경보음을 못 들으면 어떡하지?'라는 불안감이 있다고 하자. 그러면 유사 시의 경보음을 스마트폰으로 발송해주는 저소음 기능 중 하나는, 그 고객으로 하여금 다른 의미에서의 가치를 느끼게 할지도 모른다(상대방이 느끼는 가치).

또한 상대가 법인이더라도 반드시 '이익이 되는' 일에만 가치를 느끼는 건 아니다. **정서적 가치에도 항상 주의를 기울이**

마케터처럼 ────── 살아라

면 승률은 더욱 높아질 것이다.

이를테면 잉크의 환경성 기능은 생산성과 완성도를 높이지는 않지만, 지역사회의 평판이나 경영 이념을 살피는 데 큰 의미가 있을지도 모른다.

이때, 가치와 상대방의 기대가 반드시 연동하는 건 아니라는 점이 중요하다. 단순히 기대가 무엇인지만 캐묻는다면 대개는 상대방이 추구하는 '정서적 가치'를 찾아낼 수 없다.

예를 들어 세련된 수입 생수를 선택하는 사람은 무조건 '나는 별로 세련돼 보이지 않는다'라는 '문제'를 가지고 있는 건 아니다. 물을 사러 온 사람에게 "고객님의 문제는 무엇입니까?"라고 물어도 기껏해야 "문제? 음, 목이 마른다는 거요?"라는 대답이 돌아올 것이다.

이렇게 **도움이 되는 정도의 가치가 상대방의 기대로 인식되기 쉽지만, 의미가 있다고 느낄 정도의 가치, 바로 정서적 가치가 포함된 진정한 상대방의 기대는 아니다.** 바로 그것을 찾아내기 위해 뛰어난 영업 담당자는 '잡담'을 구사하는데, 잡담은 마케팅 측면에서 매우 합리적인 방법이다.

이와 관련한 이야기는 뒤에 나올 PART 2의 STEP 2에서 자세히 다루기로 하자.

나는 딸기우유를 매우 좋아하는데 물고기는 어째서인지 지렁이를 좋아한다. 그래서 나는 낚시를 할 때 내가 좋아하는 딸기우유가 아닌 물고기가 좋아하는 지렁이를 생각한다.

- 데일 카네기(미국 작가)

▶ 마케터처럼 POINT · 16
상대방이 느끼지 못하는 차이에는 가치가 없다.
물리적인 차이가 없어도 차이를 느낀다면 가치가 생겨난다.

'What to Say(무엇을 말할까?)'와 'How to Say(어떻게 말할까?)'

◆ 상대방에게 맞추어 '해야 할 말'을 생각한다

이어서 소개할 것은 'What to Say'와 'How to Say'이다.

많은 사람 앞에서 스피치를 할 때, 예를 들어 신입사원을 앞에 두고 인사과 담당자 자격으로 스피치를 하는 상황을 떠올려 보자. 이때 **내가 무슨 이야기를 하고 싶고 회사 입장에서 무엇을 전달해야 하는지에 앞서 상대방이 무슨 이야기를 듣고 싶어 하는지를 곰곰이 생각하는 것**이 마케터의 방식이다.

물론 그저 듣기 좋은 말만 늘어놓으면 된다는 말은 아니다. 신입사원들도 저마다 개인의 성장, 회사에 공헌, 뛰어난 활약 등의 포부를 가지고 있을 것이다. 그런 만큼 그들이 무엇을 추구하고 있는지를 생각하는 것이 대전제가 되어야 한다.

그럼 이쯤에서 자신이 회사에 입사할 때를 돌이켜본다. 자유로운 분위기의 회사라고 들었는데 실제로는 어느 정도일까? 세심한 예의범절을 어느 정도 중시할까? 등등. 처음에는 필요 이상으로 신경을 썼던 일이 생각난다.

어찌 그뿐이랴, 업무를 익힐 때까지 어느 정도 시간을 들여야 하지? 나는 과연 환영받고 있을까? 모두 바빠서 신경 써 줄 경황도 없는 걸까? 이런 생각에 마음을 졸이기도 했었다.

그런 것들을 신입사원이 알고 싶어 한다고 가정하면 'What to Say(무엇을 말할까?)'는 다음과 같다.

- 우리 회사가 중시하는 건 자유와 평등을 존중하는 문화다.
- 회사 분위기에 대해선 이미 들었겠지만, 실제로도 굉장히 자유롭다. 긴장하지 말라.
- 업무에 익숙해지기까지 보통 두 달이 걸린다. 모두 그 정도라고 생각하면 된다.
- 우리 모두 여러분을 기다리고 있었다. 만반의 준비를 했다.

이 요소들을 조합하면, 이미 이 시점에서 상대방을 염두에 두고 하는 훌륭한 인사말이 만들어진다.

◆ '어떻게 말할까'에 마음을 쓴다

그러나 마케터는 여기에서 멈추지 않는다. 'How to Say^{(어떻게} 말할까?)'를 이어서 생각한다.

'이해하다'와 '납득하다'는 다른 이야기다. 머리로는 이해해도 제대로 납득을 하지 못하면 사람의 마음과 행동은 달라지지 않는다. 마케터는 **사람의 마음과 행동을 바꿔야 하기** 때문에 이해만으로는 안 된다.

다음의 글을 자신이 직접 들었다고 상상하면서 읽어보라.

아르바이트를 끝내고 간 패밀리 레스토랑에서 친구를 만난 상황이다. 대기업에 취직한 친구가 하고 싶은 말이 있다고 해서 만나러 나갔다. 해외 출장을 갔다가 이제 막 돌아왔다는 친구는 자기가 열심히 일하는 것에 대해 열변을 토하더니 갑자기 정색하며 이렇게 말했다.

"너 앞으로 대체 어쩔 생각이야? 나이도 먹었는데 계속 아르바이트만 하고 쉬는 날에는 게임만 하고. 그럼 안 돼. 제대로 노력해서 취직해. 이런 말 나도 하고 싶지 않지만, 다 너를 생각해서 하는 말이야. 나 말고 누가 이런 말을 해 주겠어?"

이 친구가 하고 싶은 말, 즉 What to Say를 이해는 할 수 있을 것이다. 하지만 그런 말은 하지 않아도 이미 알고 있었을지도 모른다.

그러나 이런 식으로 말하면 전혀 납득이 가지 않는다. 결과적으로 **당신의 마음과 행동은 달라지지 않을 것이다.**

그럼 마찬가지로 다음의 글도 직접 들었다고 상상하며 읽어보라.

이번에는 다른 친구와 휴일에 쇼핑을 즐기고 식사를 한 후둘이 사우나에서 땀을 빼고 있다는 상황이다.

"와, 오늘 정말 최고다! 나이를 먹어도 오늘 같이 살면 좋겠다. 2, 30년 뒤에 우리는 뭘 하고 있을까? 해외로 발령받아 나갔다가 오랜만에 돌아와서 오늘 같은 하루를 보내면 조금 눈물 나겠지? 그때까지 우리 멋지게 살면 좋겠다. 너는 앞으로 어떻게 할 거야?"

이 친구가 하고 싶은 말(What to Say)도 앞의 친구와 다르지 않다. 열심히 노력해서 취직하는 게 좋겠다는 메시지다.

그러나 두 번째 친구는 상대방을 진심으로 걱정하고 있고, 마음과 행동을 바꾸면 좋겠다고 생각해서 **전달방식**(How to Say)**을 깊이 고민**한 것이 역력해 보인다.

두 번째 친구는 먼저 마음을 열고 친구가 자기 이야기를 잘 들어줄 수 있는 분위기를 만드는 데 신경을 쓰고 있다. 친구가 마음을 닫아버리지 않도록 친구의 현재 상태를 절대 부정하지 않겠다는 전략을 세운 것이다.

게다가 상대방이 미래의 일을 떠올려 보며 스스로 답을 찾고 결심하도록 전략을 세웠다. 그렇게 하면 친구도 납득을 하고 행동으로 옮길 것이라 믿었던 것이다.

전자의 접근과 후자의 접근 중 어느 쪽이 효과적일지는 누가 봐도 명백하다.

상품의 특징을 거침없이 말하는 텔레비전 광고를 본 적이 있는가? 공중파 방송에서는 볼 기회가 별로 없다.

그런 광고를 그다지 만들지 않는 이유 중 하나는 크게 주목받지 못하기 때문이고, 또 하나는 바로 이 How to Say를 의식하고 있기 때문이다. 상품의 특징을 직접적으로 알리기보다 스토리나 필요한 상황 등을 곁들여 '독후감' 같은 여운을 남기는 편이, 설득당했다는 느낌이 들지 않아서 결과적으로 더욱더 많은 사람이 납득하게 되는 것이다.

두 번째 친구의 이야기는 언뜻 보면 무슨 말을 하고 싶은 건지 이해가 되지 않을 수도 있다. 그러나 결과적으로 당신의 마음을 움직이고 행동을 바꿀 수 있는 사람은 두 번째 친구다. 많은 텔레비전 광고에도 이런 효과가 적용된다.

'평생 설탕물을 팔 생각인가? 아니면 세계를 바꿀 기회에 인생을 한번 걸어 보겠나?'

　　　　　　　　　　- 스티브 잡스(펩시코 사장이었던 존 스컬리를 설득할 때)

◆ 'What to Say'와 'How to Say'로 말하기 능력을 높인다

그럼 이제 다음 네 가지 요소를 바탕으로 신입사원들에게 어떻게 이야기를 할지 구상해 보자. 먼저 신입사원들에게 해 주고 싶은 말(=What to Say)을 복습해 보자.

- 우리 회사가 중시하는 건 자유와 평등을 존중하는 문화다.(핵심)
- 회사 분위기에 대해선 이미 들었겠지만, 실제로도 굉장히 자유롭다. 긴장하지 말라.(핵심)
- 업무에 익숙해지기까지 보통 두 달이 걸린다. 모두 그 정도라고 생각하면 된다.
- 우리 모두 여러분을 기다리고 있었다. 만반의 준비를 했다.

이 말을 그대로 해도 상관없지만 더 잘 전달할 방법이 분명 있을 것이다. 어떻게 하면 신입사원들의 마음을 움직이고 납득시킬 수 있을까? 이번에는 어떻게 이야기를 꺼내야 처음 두 가지 핵심이 잘 전해질지 생각해 보자.

더 구체적으로 알려준다는 의미에서, 또 듣는 사람의 긴장을 풀어주고 마음의 거리를 좁힌다는 의미에서 자신이 입사할 때 겪었던 실제 경험을 생생하게 이야기하는 방식은 어떨까? 예를 들면 이런 느낌이다.

〈여러분, 안녕하세요? 긴장되시죠? 저도 지금 저의 입사 첫날이 떠올라 조금 긴장이 되네요. 저는 이 회사에 경력직으로 들어왔는데요, 전에 다니던 회사는 외국계여서 인사도 편하게 했었어요. 사장님께도 '하이!' 하는 식으로요.

우리 회사 분위기가 편하고 자유롭다는 이야기는 들었지만, 그래도 전에 다니던 회사에서처럼 하면 안 될 것 같아 입사 초반에는 필요 이상으로 격식을 차렸어요. 복도에서 스치는 모든 사람에게 큰 목소리로 인사했었죠.

그런데 어느 날 팀 동료가 "외국계 회사가 오히려 군대 같다더니, 진짜네요."라면서 의외라는 식으로 말하는 거예요. 그래서 '아, 내 행동이 틀렸구나.'라고 깨달았죠.

알고 보면 우리는 복도에서 높은 사람과 마주치더라도 격식을 차려 인사하지는 않아요. 윗분들도 예의범절 가지고는 별로 까다롭지 않거든요.〉

만약 선배가 '우리 회사는 편하고 자유로운 분위기이니 긴장하지 말라'라며 직접적으로 말했다고 하면, 그 말을 곧이곧대로 믿고 그 자리에서 바로 긴장을 풀 수 있는 간 큰 신입사원이 있을까? 아마 없을 것이다.

그 선배는 진심으로 '긴장하지 말라'라고 말을 하고 싶었겠지만, **직설적으로 그렇게 말만 해서는 전하고 싶은 말**(=What to Say)

마케터처럼 ──── 살아라

의 진의는 좀처럼 전달되지 않는다.

인간과 인간의 관계는 모두 단골손님의 관계로 보면 된다. 회사로 말하면
경영자에게는 직원도 모두 단골손님이다.

- 마쓰시타 고노스케(파나소닉 창업자)

◆ 'What to Say'와 'How to Say'는 모든 커뮤니케이션에 응용할
  수 있다

이 What to Say와 How to Say라는 사고방식은 **모든 커뮤니
케이션에서 위력을 발휘한다.** 아이를 타이를 때 이 차이를 실
감한다는 마케터 동료도 있다.

그렇다면 당연히 이 개념은 스피치는 물론이고 **모든 커뮤니
케이션을 원활하게 해줄 것이다.**

예를 들어 다른 부서에 뭔가 부탁을 할 때, 무엇을 말할지 뿐
만 아니라 **어떻게 말할지도 곰곰이 생각해 전략을 짜는 것이**
마케터의 방식이다. 자칫하면 상대방에게 불리해질 수 있는
내용은 회의가 끝난 다음, 잡담을 나누면서 "와~ 오늘 회의가
너무 길어졌네요. 그냥 지금 점심 먹으러 가는 거 어때요?"라
며 운을 떼고 점심을 겸하여 이야기를 나누는 방법이 좋을 수
도 있다.

상대방 머릿속에 쏙 박히도록 말투나 표현에도 신경을 쓴

다. 전문용어 같은 건 당치도 않다. 직장에서는 자기도 모르게 전문용어를 쓰기도 하지만, 이럴 때일수록 어려운 말을 쓰지 않도록 신경을 쓰는 것도 How to Say를 위한 노력이다.

임원이나 중요한 고객과 이야기를 나눌 때는 누구나 이렇게 커뮤니케이션을 위한 사전 준비를 하게 마련이다. 왜냐하면 그런 경우에는 필연적으로 상대방의 입장에서 시작해야 하기 때문이다.

그리고 그것은 상대가 누가 됐든 마찬가지다. 그렇게 해야 **돈도 엄청난 시간도 들이지 않고 모든 커뮤니케이션을 원활하게 할 수 있다.**

엔터테인먼트는 곧 접대라고 했던 말을 기억하는가? 나는 마케터로서 **모든 커뮤니케이션은 '접대**(=엔터테인먼트)**'라고** 늘 마음에 새기고 있다.

어떤 분야에서 일하든지 당신에게는 고객이 있고 그 고객이 무언가를 사도록 해야 한다. 당신의 사내 고객이 부장이라면 당신이 파는 것은 당신의 기획, 제안, 관점, 가치 등이다. 당신의 사내 고객이 부하직원이라면 부하직원이 집중하고 잘 판단하여 최고의 일을 해내도록 하는 것이다.
- 제이 에이브러햄(미국의 경영 컨설턴트)

> ▶ **마케터처럼 POINT · 17**
> 모든 커뮤니케이션에서 'What to Say'와 'How to Say'를 의식한다.

고객의 의견을 듣는다=2단계로 조사한다

◆ **먼저 가설을 세운다**

마지막으로 '고객의 의견을 듣는다=2단계로 조사한다'라는 사고방식을 소개하겠다.

마케터의 가장 빈번한 업무 중 하나가 설문조사다.

마케팅이라고 하면 화려한 광고만을 떠올릴지 모르지만, 보이지 않는 곳에서는 늘 숫자와의 진지한 싸움이 벌어진다.

여기까지는 어느 정도 알려진 얘기이고, 솔직히 그보다 은밀하게 추진되는 중요한 업무는 바로 **가설 세우기**다.

가설이 없으면 설문조사로 무엇인가를 검증할 수조차 없다. 아니 그보다는 **설문의 선택지 하나하나가 가설인 것**이다.

이를테면 〈캔커피를 살 때 무엇을 중시합니까?〉라는 설문조사에서 〈식사와 어울린다〉, 〈칼로리가 적다〉, 〈잠이 깬다〉라는 선택지가 있다고 하자. 만약 〈캔커피를 사는 사람은 '식사와 어울린다'를 중시한다〉라는 가설을 미리 가지고 있지 않으면 애초에 이런 선택지들을 만들 수 없다.

◆ **마케터 방식으로 가설 세우기**

그렇다면 그런 가설을 어떻게 세울 수 있을까?

가설을 세우려면 또 다른 조사가 필요하다.

가장 일반적인 조사는 **심층 인터뷰**다. 왠지 어려워 보이지만 중요한 건 **한 사람**(혹은 몇 명의 소수 인원)**의 이야기를 차분히 듣는 일**이다.

앞서 말한 예에서 신입사원을 대상으로 스피치를 준비할 때, 상대방이 무엇을 알고 싶어 하는지 상상도 하지 못하는 사람도 있을 것이다. 신입사원 시절이 언제였는지 기억도 안 나고 요즘 사람들은 당시의 자신과는 가치관이 다를지도 모른다.

그럴 경우, 신입사원이나 가장 신입사원에 가까운 지인을 인터뷰하는 방법이 가장 **빠른** 해결책이다.

인터뷰 대상은 한 명이면 충분하다(많을수록 좋지만). 말 그대로 인터뷰일 필요도 없고, 전화나 이메일 혹은 채팅이어도 상관없다. 이 단계에서는 **가설을 이끌어내는 것이 목적이므로 데이터의 통계적 타당성을 추구할 필요는 없다.**

또한 가설이 잘 떠오르지 않을 때는 이 **인터뷰가 좋은 자극이 되어 준다.** '아이디어'라고 불리는 것의 정체는 바로 이 가설이다. 좋은 아이디어, 즉 좋은 가설을 많이 떠올리는 사람에게는 비밀이 있다. 바로 **남들보다 많은 정보를 입력하는 것**이다.

그러한 입력은 지식이 될뿐더러 자극도 되어 아이디어, 즉 가설을 만들어내는 데 큰 도움이 된다. 그리고 상대방을 인터뷰하는 일이 가장 손쉽게 정보를 입력할 수 있는 방법이다.

전문적으로 하려면 심층 인터뷰 같은 조사에 앞서서도 가설이 필요하다. 가설이 없으면 대상을 정하는 일, 질문을 생각하는 일 등, 진정한 의미에서는 모두 불가능하기 때문이다. 그러나 아무것도 없는 상태에서 가설을 생각해내기란 전문가라도 어렵기 때문에, 이 장에서는 그 과정을 간략화했다. 그 점을 양해해 주기 바란다.

◆ 가설을 데이터로 검증한다

이러한 과정을 거쳐 나온 아이디어는 아직 가설에 그친다.

가설은 데이터로 뒷받침되어야 한다. 가설을 생각할 때 통계적 타당성을 신경 쓸 필요가 없었던 이유는 나중에 설문조사로 검증된다는 전제가 있기 때문이다. **마케터는 이렇게 2단계로 조사를 한다.**

이 2단계 조사는 바로 상대방을 파악하기 위해 시행착오를 거듭해 온 인류의 뛰어난 지혜다.

가설은 아이디어이므로 발상의 폭을 넓혀 생각해야 한다. 그러기 위해서는 최대한 제약을 없애야 한다. 브레인스토밍에서 비판이 금지되는 것과 같은 이치다. 이 단계에서는 통계적으로 타당한지를 묻는 비판 등은 절대 금물이다.

그러나 일방적인 자신의 아이디어를 그대로 실행하는 것은 상대방 관점이라고 할 수 없다. "여름 원피스라면 이런 건 어떠세요?", "하얀 색감은 이런 느낌일까요?"라며 의류매장 점원이 추천하고 싶은 옷을 이것저것 뒤적이는 것처럼, 마케터도 자신의 가설에 대해 상대방과 커뮤니케이션을 거듭한다. 이 과정을 위한 수단이 바로 설문조사다.

전문가에게 설문조사의 설계와 진행을 모두 맡기면 가장 좋겠지만 당연히 비용이 든다. 그만한 돈이 없다고 지레 포기할 것이 아니라, **직접 만들어서 해 보기**를 권한다.

예를 들어 스피치가 끝난 다음, 조사 용지를 나눠주고, 전체적인 만족도나 특히 마음에 남는 것, 또 듣고 싶은 다른 이야기는 없었는지 등을 적게 한다. What to say나 How to say가 틀리지 않았는지 그 답을 맞혀 보는 것이다.

스피치할 기회가 며칠에 걸쳐 여러 번 있거나 정기적으로 있다면, 다음 스피치 전에 설문조사를 분석해 내용을 수정할 수도 있다.

◆ **'고객의 의견을 듣는다=2단계로 조사한다'는 정보 발신에 응용할 수 있다**

'고객의 의견을 듣는다=2단계로 조사한다'라는 사고방식은

SNS나 블로그, 유튜브 같은 매체에서 정보를 발신할 때도 응용할 수 있다.

먼저 사람들이 어떤 콘텐츠를 원하는지 상대방의 관점에서 가설을 세운다. 가설이 잘 떠오르지 않을 때는 정보를 전달하고 싶은 사람 몇 명을 직접 인터뷰해 보면 좋을 것이다(조사의 첫 번째 단계).

예를 들어 젊은 직장인들을 대상으로 콘텐츠를 만들고 싶다면, 회사 후배와 술 한잔 마시러 가는 방법도 좋다.

나는 봉사활동의 일환으로 나보다 젊은 사람들의 멘토(커리어 상담을 해주는 역할)를 하고 있는데, 상담 요청이 들어오면 같이 식사하면서 이야기를 들어주곤 한다.

그런 면담은 어디까지나 멘티(상담 요청자)를 위한 시간이지만, 솔직히 요즘 젊은 직장인들은 어떤 정보를 원하는지에 대해 오히려 내가 더 많은 힌트를 얻고 있다. 그곳에서 얻은 힌트를 이를테면 이 책을 구상하는 데 활용하기도 한다.

가설이 보이기 시작했다면, 그 가설을 실제 콘텐츠로 만들어 매체에 올려본다(조사의 두 번째 단계).

인터넷 콘텐츠의 장점은 그 자리에서 바로 반응을 알 수 있다는 점이다. 그 기동력을 활용해 조사를 진행한다. 평소의 평균치에 비해 **반응이 좋으면 가설은 실증된** 것이고, **반응이 나**

쁘면 반증된 것이다. 똑같은 What to Say를 다른 How to Say로 전달해 보고 전달방식을 검증할 수도 있다.

다시 말하지만, **마케팅이란 고객을 파악하고 고객의 기대를 채우기 위한 무수한 방식을 전 세계의 기업이 수십 년에 걸쳐 시행착오를 거듭한 실증실험의 축적이다.**

이 책을 여기까지 읽은 사람이라면, 상대방을 이해하고 상대방의 기대를 채우는 것이 단순히 다짐뿐이라면 누구나 할 수 있을 것이다.

그러나 그것을 철저히 추구하고 빛나는 개성과 천직을 찾기 위해서는 **더 효율적이고 세련된 방식**을 익혀야 한다.

이를 위해 **마케팅이라는 인류의 뛰어난 지혜를 온전히 활용할 것을 강추한다.**

PART 2부터는 그런 인류의 뛰어난 지혜를 더 깊이 탐색해 보도록 하자.

업무
-

- 내일 직장에서 대화할 때 'What to Say'와 'How to Say'를 의
  식해 보라

커리어
-

- 당신이 회사와 사회에 제공할 수 있는 '정서적 가치'를 떠올
  려 보라

개인의 삶
-

- SNS에서 하나의 'What to Say'를 각기 다른 'How to Say'로
  말하는 실험을 해 보라

PART 2
HOW MARKETERS THINK AND ACT

일도 커리어도 인생도 향상시키는 '마케터처럼 살기' 4 STEP

STEP
01

시장을 정의한다

- 내가 가장 빛날 수 있는 장소를 찾다

왜 시장을 정의하는가?

앞에서 이미 두 차례 언급했지만, 이 책에서는 마케팅을 다음 네 단계로 나누어 생각한다.

❶ 시장을 정의한다
❷ 가치를 정의한다
❸ 가치를 만든다
❹ 가치를 알린다

지금부터는 각 단계에서 **상대방을 파악하고 그 기대를 채우기 위한 실천 지식을** 더 자세히 살펴보겠다.

시장을 정의한다는 건 무엇인가?

시장을 정의한다는 건 **가치를 제공할 상대를 정하는** 일이다.

마케팅에서는 내가 아닌 상대방이 가치를 결정한다. 경쟁제품과 비교했을 때 실제로는 차이가 있다 한들, 상대방이 느끼지 못하면 그건 가치라고 볼 수 없다. 또한 무엇을 어떻게 느끼는가는 사람마다 다 다르다.

즉, **가치는 제공하는 상대에 따라 달라진다**는 뜻이다.

앞으로 가치를 정의하고 만들어내고 알려야 할 텐데, 대체 누구를 위한 가치인지가 정해져 있지 않으면 최종적으로 제공할 가치를 완전히 잘못짚게 될지도 모른다.

마케터처럼 산다는 것은 상대방의 관점에서 시작한다는 뜻이라고 여러 번 말했다. 그러므로 이 단계에서 생각할 근본적인 문제는 **그 상대방이 과연 누구인가**이다.

누구를 상대로 해야 **나를 최대한 활용하고, 가능한 한 많은 사람에게 도움이 될 수 있을까?** 모든 인류를 상대로 할 수 있다면 이상적이겠지만, 지구를 구하는 슈퍼히어로가 아닌 이상 당연히 그럴 수도 없다.

월가의 증권맨을 비롯해 아마존 오지에 사는 사람들까지 모든 인류의 과제를 모조리 해결할 상품은 거의 존재하지 않는다. 기업이 자사의 제품으로 누군가를 행복하게 만들겠다고 생각할 때, 그 **누군가는 특정 그룹으로 좁혀질 필요가 있다.**

사람도 마찬가지다. 일을 할 때든 개인적인 시간을 보낼 때 든, 누군가에게 도움을 주고 싶을 때, 내가 도움을 줄 수 있는 사람은 일정한 범위로 한정되기 마련이다.

그중에서 **누구를 상대로 해야 가장 많은 사람에게 도움이 되는 일로 이어질까?** 이것이 바로 마케터처럼 사는 우리가 행 하는 '시장을 정의한다'는 것의 의미다.

> ▶ **마케터처럼 POINT · 19**
> 먼저 누구에게 가치를 제공할지를 정한다.

'내가 할 수 있는 일'과 '상대할 수 있는 인원'의 균형을 맞춘다

본업을 이어가면서 부업으로 유튜버를 한다고 상상해 보자. 이때 **예술가처럼 살지, 마케터처럼 살지가 첫 선택의 갈림 길이다.**

예술가처럼 살면, 자신이 원하고 만족할 수 있는 주제로 선택할 것이다. 그 주제는 2차 대전 이전에 활동한 클래식 피아니스트의 연주 리뷰일 수도 있고, 톨스토이가 묘사한 러시아 정치 체제에 관한 연구발표일 수도 있다.

반면 마케터처럼 살면, 상대방인 시청자가 원하는 주제를 선택할 것이다.

방황하는 학생이나 사회 초년생을 위해 커리어 구축에 대해 조언하는 것이 좋을지도 모른다. 또는 자신의 전문분야가 특허라면, 그 지식을 살려 직장인들을 위해 특허제도를 쉽게 해설하는 것도 주제가 될 수 있다.

이때 핵심은 '내가 할 수 있는 일'과 '상대할 수 있는 인원'의 균형이다.

콘텐츠의 독창성에 지나치게 신경을 쓰다 보면, 많은 사람이 '내가 할 수 있는 주제'에 중점을 두고 생각하기 쉽다. 앞에서 든 예로 말하자면 '커리어 향상을 위한 조언은 누구나 할 수 있지만 특허 해설은 나밖에 할 수 없다. 그러니 특허 해설을 주제로 하자.'라는 사고 회로라고 볼 수 있다.

실제 특허 해설과 영상 편집 기술에는 자신이 있고, 이해하기 쉬우면서 독창적인 영상을 만들었다고 하자. 콘텐츠의 완성도 역시 높다. 그러나 특허제도에 관심이 있고, 부담없이 배우고 싶어 하는 유튜브 시청자는 아마 그렇게 많지 않을 것이다. 그러면 접속하는 사람의 수는 한정적일 수밖에 없다.

그렇게 되면 문제는 영상의 질이 아닌데도 시청자가 적으니 영상의 질을 더 높여야겠다며 보상받지 못할 노력을 반복하는 사태에 빠지기 쉽다.

시장을 정의한다는 관점이 없는 사람이 빠지고 마는 전형적인 함정이다.

여기서, 그렇다면 커리어 향상을 주제로 하면 어떨까? 그러면 구독자 수는 얼마나 늘어날까? 등을 생각해 간다면, 그것이 바로 시장을 정의하고 있는 것이다. 특허 법무라는 조금 특수한 커리어를 살려 '전문가의 커리어'를 주제로 해보는 등 **시장의 규모와 자신이 할 수 있는 일의 균형을 조정해 가는 것이다.**

▶ **마케터처럼 POINT · 20**
시장을 선택할 때는 시장의 규모와 자신이 할 수 있는 일의 균형 조정에 주의를 기울인다.

최대한 큰 시장을 선택한다

세계 최고의 유튜버로 알려진 PewDiePie(퓨디파이)의 인기 콘텐츠는 게임 실황 중계다. 일본 최고의 유튜버인 HIKAKIN(히카킨)의 채널에서도 게임 실황은 인기다.

콘텐츠는 독창성이 중요하다고 하는데 게임 실황 자체는 독창성이 거의 없다. 누구나 할 수 있고, 하고 있는 사람도 많다.

그러나 **압도적으로 시장이 크다.**

히카킨은 비트박스 영상으로 채널을 시작했다가 게임 실황을 포함한 다른 장르로 활동의 폭을 넓혔다.

이러한 선택은 채널 구독자 수의 확대를 고려하여 **시장의 규모를 의식한 결과**가 아닐까?

비트박스 실력을 최대한 끌어올려 영상의 질을 높인다고 해도, 비트박스만으로는 분명 구독자 수가 이미 한계에 달한 상태였을 것이다.

한편 유튜브에서 게임 실황을 즐기는 사람이 많고, 다른 사람이 아닌 히카킨의 게임 실황 중계를 듣고 싶어 하는 사람의 수는 처음부터 상당했을 것이다.

확실히 경쟁자는 많지만 **흥미를 가진 사람의 분모도 크다.** 따라서 이를테면 동종 업계의 사람과 구독자 쟁탈전을 벌였다고 하더라도 상대로 할 수 있는 사람의 수는 비트박스 채널 구독자보다 훨씬 많아진다.

물론 이런 상황에서는 냉정한 자기 분석도 필요하다.

경쟁자가 넘쳐나는 상황에서도 게임 실황 분야에서 주목을 받으려면 당연히 몇 가지 필수 능력이 필요하다. 자신에게 그런 능력이 있는지를 정확히 분석해야 한다.

이미 있는 자신의 지명도를 어떻게 활용할까 하는 계획도 세웠을 것이다. 이러한 상황을 종합적으로 고려한 결과, 히카킨은 게임 실황이라는 더 큰 시장으로 진출한 것이리라.

자신의 재능을 활용해 다른 사람에게 도움을 주겠다고 했을 때, 독창성에 주목해서 소수를 상대로 하는 일과 요구하는 인원수에 주목해서 다수의 사람을 상대로 하는 일 중 어느 쪽이 더 상대방의 관점에 선 것일까?

마케터처럼 사는 사람이라면 결과적으로 **더 많은 사람에게 도움이 될 수 있도록 다수, 즉 큰 시장을 선택**할 것이다.

게임 실황을 시작한 히카킨의 머릿속을 멋대로 상상해 봤는데, 사실 이러한 사고방식은 마케터가 시장을 선택하는 사고방식과 매우 비슷하다. 지금부터는 그런 마케터의 머릿속을 들여다보고 그 특징을 파악해 가자.

최대한 많은 사람에게, 최대한 많은 행복을 주도록 행동하는 일이 우리의 의무다. - **시부사와 에이치**(실업가, 새 만엔 지폐 속 인물)

> ▶ **마케터처럼 POINT · 21**
> 내가 기여할 수 있는 범위 안에서 최대한 큰 시장을 선택한다.

시장을 정의하는 마케터의 사고와 기술

분류기준을 찾는다

시장을 정의하는 건 가치를 제공할 상대를 결정하는 일이었다. 앞으로 가치를 정의하고 가치를 만들어 그것을 알려야 하는데, 과연 누가 원하는 가치인지가 정해져 있지 않으면 그 토대가 흔들리고 만다.

다만 이 '누가'란 말은 비유적인 표현이다. **실제 상대는 한 명이 아니라 사람의 집단이다.** 이 집단을 어떻게 분류할지가 사실 시장을 정의할 때 가장 먼저 생각할 부분이다.

상품을 사용할 고객을 정의하라고 하면 대부분이 어느 집단을 상대로 할지부터 생각한다. 10대 후반의 여성, 20대 초반의 사회 초년생, 자녀를 독립시킨 노년층 등.

그러나 이때 여러분은 무의식적으로 어떤 특정한 분류기준을 사용하고 있다. **데모그래픽이라고 부르는 성별과 나이를 기준으로 분류하는 방법**이다. 확실히 이것은 마케팅에서 상대를 분류할 때 기본으로 사용된다.

◆ **성별과 나이에 얽매이지 않는다**

그러나 **사람의 집단을 분류하는 기준은 이 데모그래픽 말고도 아주 많다.** 거주 지역을 기준으로 하는 지오그래픽, 취미와 기호를 기준으로 하는 사이코그래픽 등.

먼저 어느 집단을 상대로 할지가 아니라 **어떻게 집단을 분류할지부터 생각해 가는 것이 마케터 방식**이다.

고등학교에서 반 학생들을 분류하는 방법을 생각해 보자. 남녀성별, 성적, 출신 중학교 등 이 정도가 보통 교무실에서 사용하는 학생의 분류기준일 것이다.

그렇지만 학생들은 그런 표면적인 분류로 친구를 바라보지 않는다. '쟤는 성적이 좋으니까 친구가 되고 싶어.'라고 생각하는 고등학생은 거의 없을 것이다.

옷이나 음악의 취향, 연애 경험, 눈에 띄는 타입인지 아닌지, 잘나가는 동아리 소속인지 아닌지 등 학생들은 모두 자기만의 방식으로 반 친구들을 분류한다.

마케터는 선생님들보다 학생들과 닮아있다. 누구나 떠올릴 수 있는 일반적인 분류가 아닌 **나만의 기준으로 고객을 분류하려고 한다.**

◆ 새로운 분류기준을 생각한다

모두가 사용하고 있는 분류기준으로만 승부하면, 큰 집단에 많은 상품이 집중되어 결과적으로 도움을 줄 수 있는 상대방의 수가 줄어들지도 모른다.

예를 들어 지금까지 캔커피는 주로 일하는 세대의 남성을 상대로 해왔다.

여느 때와 마찬가지로 데모그래픽 분류를 사용하는데 이 분야에서 경쟁이 심해졌을 때 먼저 생각할 수 있는 방법이 같은 분류 안에서 대상을 겹치지 않게 하는 접근이다. 대상을 여성으로 바꾸거나 남성이라 하더라도 학생으로 바꾸는 것이다.

그러나 이 방법은 통상 그다지 성공을 거두지 못한다. 경쟁 상품은 보통 그 분류 안에서 가장 예상 고객이 많은 집단에 집중하기 때문에, 그 대상을 피하면 시장의 규모가 당연히 작아질 수밖에 없다.

그래서 새로운 분류가 등장한다.

이를테면 캔커피를 마시는 **장면**으로 분류했을 때, 가장 사람이 많은 아침에 주목해 '아침에 마시기 딱 좋은 캔커피'를 개발하는 것이다. 이것은 아사히 음료가 〈완다〉라는 제품에 이용한 접근법인데, 매우 창의적인 시장의 새로운 분류법이라고 할 수 있다.

◆ **혁신은 새로운 시장의 정의에서 탄생한다**

이처럼 시장의 정의 단계에서 새로운 대상을 설정하면, **새로운 가치를 생각**할 필요가 생긴다.

사실 이 부분에 바로 **혁신의 출발점이 있기도** 하다.

1980년대 초까지 컴퓨터 제조업체는 컴퓨터 마니아를 상대로 상품을 개발해 왔다.

1984년에 등장한 애플의 매킨토시는 보다 다양한 사용자에게 컴퓨터의 문호를 개방하여, 디자이너와 크리에이터를 새로운 대상에 추가했다. 애플 제품의 대명사라고도 할 수 있는 아름다운 디자인과 폰트를 향한 고집, 본 제품에 같이 담아주는 질 높은 크리에이터용 소프트웨어(당시에는 페인트 소프트웨어) 등은 새로운 상대에 맞추어 태어난 새로운 가치라고도 할 수 있다.

애플은 1997년에 창업자인 스티브 잡스가 최고경영자로 복귀하자, 참신한 디자인과 다채로운 색상이 특징인 컴퓨터

iMac을 만들어 부활을 세상에 알렸다.

iMac은 일반 가정으로 대상을 넓힌 상품이었다. 이른바 컴퓨터를 일종의 가전으로 자리매김하게 했다. 당시는 아직 컴퓨터를 이과계에서 사용하는 업무 도구로 보는 경향이 강했던 시대다.

iMac은 컴퓨터의 상식을 뒤엎는 혁신적인 상품이었다. 그러나 그 정교한 디자인과 다채로운 색상은 당시에도 가전으로서는 새롭지 않았던 모양이다.

그다지 눈에 띄지 않고 자리도 얼마 차지하지 않는 토스터조차, 인테리어로 활용성이 높은 정교한 디자인의 상품이 매장에 많이 진열되어 있었다.

iMac이 가지는 혁신성의 본질은 컴퓨터를 일종의 가전으로 본 시장의 정의에 있었다고도 할 수 있다.

그때, 모든 것이 하나로 갖추어진 첫 컴퓨터를 만들어야겠다고 생각했다. 직접 컴퓨터를 조립하기 좋아하는 마니아, 트랜스나 키보드를 직접 살 수 있는 사람들만을 겨냥하면 안 된다. 그런 사람이 한 명이라고 했을 때 지금 당장 사용할 수 있는 기계라면 사겠다는 사람이 1,000명은 될 거라고 생각했다.

- 스티브 잡스(애플 창업자)

◆ 새로운 분류기준을 만드는 사고법

'아침에 마시는 캔커피'나 '컴퓨터는 가전이다'라는 정의처럼, 기존의 분류에 따르지 않고 독창적으로 시장을 정의하기 위한 특별한 비결이 있다. 바로 **경쟁상대를 찾아내겠다**는 관점에서 생각하는 것이다.

음료 제조업체의 상품개발 담당자가 되어 새로운 캔커피를 만든다고 가정해 보자.

경쟁상대가 누구냐는 질문을 받으면, 가장 먼저 떠오르는 상대는 이른바 '캔커피 브랜드'일 것이다. 또 요즘에는 편의점의 드립 커피도 강력한 경쟁상대로 부상하였다. '도토루 커피' 같은 전문점의 드립 커피도 포장의 경우는 경쟁상대가 될 수 있다.

지금부터 **경쟁상대를 더 찾아보자.**

스타벅스 커피의 테이크아웃은 어떨까? 드립 커피는 당연히 경쟁상대가 될 수 있으니 제외하고, 그렇다면 마키아또나 프라푸치노 같은 독자 상품은 경쟁상대가 안 될까? 언뜻 보면 고객층이 전혀 다를 것 같지만 휴대할 수 있는 커피 계열 음료라는 점에서는 매우 비슷하다.

이쯤에서 스타벅스의 ○○마키아또를 사는 사람이 어떤 가치를 추구하고 있는지 잠깐 상상해 보자. 자사에서도 그 가치를 제공할 수 있을 것 같다면 **새로운 경쟁상대를 찾아낸** 것이 된다.

하지만 단순히 뭔가 마실 것이 필요할 뿐이라면, 편의점에서 한 끼 식사를 해결할 수 있는 돈을 내면서까지 굳이 스타벅스의 음료를 포장해 가지는 않을 것이다. 그런 관점에서, 스타벅스에서 파는 음료는 단순한 음료가 아니라 '잠깐의 휴식 시간에 즐기는 디저트'라고 상상해 본다. 혼자서 즐길 수 있는 디저트라는 느낌.

이 느낌을 캔커피로도 제공할 수 있다면, 스타벅스를 경쟁상대로 여길 수도 있다. 이를테면 '일을 하다 잠깐 쉬는 틈에 디저트로 즐길 수 있는 캔커피'라는 역할은 어떨까.

사실 이때 우리는 어느새 완전히 새로운 기준으로 고객을 분류하고 있다.

성별과 나이에서 벗어나 음식에 관한 취향 및 기호, 식습관으로 소비자를 분류하고 있는 것이다.

업무나 공부 중에 잠깐 혼자서 디저트를 즐기는 사람들은 남녀노소를 불문하고 많든 적든 존재한다. 데모그래픽이라는 틀 안에서만 생각한다면 이런 분류는 영원히 할 수 없을 것이다.

중요한 건 경쟁상대를 찾아내는 감각이다.

이때의 핵심은 혼자서 하든 팀에서 논의하든, 일단은 필요에 따라 브레인스토밍을 하며 최대한 많은 경쟁상대 후보를 찾아내는 것이다. 그런 다음 비슷한 것끼리 그룹으로 묶고, 절대로 실현할 수 없는 대상을 배제하고 나서 '상대방은 어떤 가치를 추구하고 있는가?', '우리가 그 가치를 제공할 수 있을까?'라는 관점으로 후보를 좁혀간다.

그런 과정을 통해 **새로운 경쟁상대를 찾아냈을 때 마케터는 그곳에서 새로운 시장을 발견하게 된다.**

▶ 마케터처럼 POINT · 22
고객을 새로운 분류기준으로 나누어 새로운 시장을 정의함으로써 혁신의 단서를 파악한다.

다섯 가지 관점으로 시장의 유망성을 평가한다

여기까지 생각했다면 이제 마케터는 두 번째 문제에 직면하게 된다.

'캔커피 시장'에서 나와, '혼자서 즐기는 디저트 시장'으로 진출하는 게 과연 옳은 일인지 의문이 든다.

이 문제를 생각할 때는 다음의 다섯 가지 관점이 도움이 된다.

- 시장의 크기 : 시장 규모
- 시장이 매년 얼마만큼 커지고(작아지고) 있는가 : 성장성
- 경쟁상대가 어느 정도 있는가 : 경쟁 환경
- 자신의 능력을 활용할 수 있는가 : 관련성
- 자신의 다른 활동과 잘 맞는가 : 기존 사업과의 시너지

하나씩 확인해 가자.

◆ **시장의 크기 : 시장 규모**

말 그대로 A와 B 중에서 어느 쪽이 더 큰 시장인가이다. 바꿔 말하면 **상대할 수 있는 인원이 얼마나 많은가이다.** 다른 조건이 모두 같다면 당연히 **더 큰, 조금이라도 더 큰 시장을 선택해야 한다.**

보통 전문적으로 조사해서 규모를 측정하지만, 인터넷으로 검색하면 국가나 업계 단체, 싱크탱크 등이 조사한 데이터가 공개되어 있을 때도 많다.

이 책은 마케팅 교과서가 아니기에 실제로 어느 쪽이 어떻

다는 내용까지는 깊게 다루지 않을 것이다. 만약 그런 구체적인 방법론에 흥미가 있다면 부디 시장조사의 입문서나 전문서를 읽어보기 바란다.

여러분이 익혀야 하는 것은, 여기에서 소개하는 관점으로 **가치를 제공할 상대에 대해 일단 곰곰이 생각해 보는 습관**이다.

'캔커피 시장'과 '혼자서 즐기는 디저트 시장' 중 규모로 볼 때 어느 쪽이 클지, 혹은 비슷할지 등을 구상하며 간단히 인터넷에서 조사만 해봐도 자신의 선택이 달라진다는 사실을 실감할 수 있다.

◆ **시장이 매년 얼마만큼 커지고(작아지고) 있는가 : 성장성**

다음은 성장성이다. 규모는 커도 최근 몇 년 사이에 급격하게 위축되고 있는 시장이 있을지도 모른다(물론 그 반대의 경우도 있다). 여기서도 마찬가지로 다른 조건이 모두 같다면, **성장성이 더 높은 시장을 선택하는 게 정석**이다.

규모는 크지만 매년 점점 위축되고 있는 시장은 초기 투자를 회수하는 데 시간이 걸릴 것 같은 상품은 일단 고려해 봐야 한다(하지만 단기간에 처리할 수 있을 것 같은 상품이라면 시장이 앞으로 어떻게 되든지 그다지 중요하지 않을 수도 있다).

이렇게만 말하면 시장은 규모보다는 성장성만을 확인해야

한다는 말로 들릴지 모른다. 그러나 여기에서 주의가 필요한 건 오히려 반대의 경우이다. 즉, 성장성만 보면 자칫 시장의 크기를 착각할 수 있다는 얘기다.

쇠퇴하고 있는 시장은 실제보다 작게 여겨질 때가 많고, 성장하고 있는 시장은 실제보다 크게 여겨질 때가 많다.

예를 들어 일반 가정에 팩스가 어느 정도 보급되어 있다고 생각하는가? 2017년의 한 조사에 따르면 보급률이 약 35%에 이른다. 이 비율은 드럼세탁기나 식기세척기의 보급률보다도 높다. 많은 사람이 반대의 결과를 생각하지 않았을까? 인터넷의 보급에 밀려 쇠퇴하고 있는 산업이기 때문에 그 이용자의 기반은 작아 보일 수도 있지만, 여전히 팩스를 사용하고 있는 사람들의 숫자는 생각보다 많다.

이렇듯 시장 규모에 관한 이미지에는 **몇 가지 선입견이나 편견이 더해져 있음**을 자각하고, 최대한 사실만 보고 대상을 비교하도록 주의해야 한다.

◆ 경쟁상대가 어느 정도 있는가 : 경쟁 환경

경쟁상대는 적을수록 좋고, 없다면 더할 나위 없이 좋다.

그러나 규모가 크고 급성장하고 있으며 경쟁상대도 적은 시장은 당연히 거의 존재하지 않는다. 여기에서 중요한 것은 이 세 가지의 균형을 생각하는 일이다.

이때 주의해야 할 것은 **경쟁이 적음을 과대평가하고 시장의 크기를 과소평가해 버리는** 문제다.

IT 기업을 경영하고 있는 지인에게 들은 바로는, 경험이 풍부한 IT 경영자일수록 보통 유행하고 있는 사업에 주저 없이 발을 들여놓는다고 한다. 모바일 게임이 크게 유행하면 이미 경쟁상대가 있든 말든 후발 주자로라도 사업에 뛰어든다.

반대로 경험이 적은 IT 경영자는 아직 아무도 진출하지 않은 영역을 고집한 나머지, 경쟁도 없지만 고객도 없는 서비스를 생각하기 일쑤라고 한다.

최대한 많은 사람에게 도움을 주겠다고 마음먹었을 때, 이미 누군가의 도움을 받고 있는 사람보다 아무도 도와주지 않아 도움을 기다리고 있는 사람을 상대로 하는 편이 바람직하다.

그런 의미에서 경쟁은 가능하면 피해야 하지만, 그렇다고 해서 자신이 도울 수도 있는 1,000명에게 등을 돌린 채 한 명을 상대로 하는 것도 좋은 대책은 아니다. 그것은 균형의 문제다.

경쟁이 심해도 규모가 크고 자신이 만족시킬 수 있는 고객이 아직 그 분야에 충분히 있다면, 그 분야에서 승부를 거는 데 주저해서는 안 된다.

◆ 자신의 능력을 활용할 수 있는가 : 관련성

지금까지 시장의 규모, 성장성, 경쟁 환경과 가치를 제공할
대상의 분석을 이어왔다. 마케팅이란 상대방의 관점에서 시작
하는 것이라고 이야기해 온 그대로다. 그런데 상대방에게 제
공할 수 있는 가치를 최대로 하고 싶다면 **자신의 능력**도 살펴
봐야 한다.

규모, 성장성, 경쟁 환경이 비슷하다면 **자신의 능력을 활용
할 수 있는 시장을 선택해야 더 많은 사람을 만족시킬 수 있을
것이다.** 더 많은 사람을 만족시킬 수 있다면 더 많은 보상을 받
을 수 있다. 결국 얼마나 많은 사람을 만족시킬 수 있는가는 이
들 모든 요소의 배합으로 정해진다.

자동차 제조업체가 전기자동차를 만드는 건 당연하다고 생
각할지도 모른다. 그러나 모터로 움직이는 전기자동차와 내연
기관으로 움직이는 가솔린차는 전혀 다른 기계라고 해도 무방
하다.

일본을 대표하는 자동차 제조업체인 스바루나 마쓰다, 세계
최고의 자동차 제조업체인 도요타마저 지금까지 순수한 전기
자동차를 개발하지 않았던 건 아마 앞에서 말한 요소들을 합
친 결과일 것이다.

엔진 안에서 일어나는 폭발을 제어해야 하는 가솔린차를 만

들려면 전기자동차와는 비교할 수 없을 만큼 많은 부품이 필요하다. 그런 부품을 조합하는 기술이 뛰어난 일본의 제조업체는 그 능력을 풀로 활용하고 싶어서 가솔린차나 그 기술을 바탕으로 하는 하이브리드차만 만들고 있다고도 볼 수 있다. 전기자동차 시장의 규모가 아직 작다는 점도 감안하면 매우 합리적인 판단이라고도 할 수 있다.

◆ 자신의 다른 활동과 잘 맞는가 : 기존 사업과의 시너지

마지막으로 **기존 사업과의 시너지**다. 시너지란 1+1이 2 이상이 된다는 뜻이다.

더 월트 디즈니 컴퍼니는 이 시너지 경영으로 유명하다. 이 회사는 크게 영화 사업, 테마파크 사업, 캐릭터 상품 판매 사업 등을 하고 있다. 주목할 것은 영화 사업, 테마파크 사업, 캐릭터 사업이 저마다 각 사업을 도와주고 있다는 사실이다.

영화에 매료된 사람은 그와 관련된 캐릭터 상품을 사러 갈 것이다. 또 테마파크에서 영화 속 세계관을 체험하고, 그렇게 영화 속 세계에 빠져들면 블루레이나 DVD를 구입해 반복적으로 감상하면서 속편을 손꼽아 기다리게 될 것이다.

이처럼 캐릭터 상품 판매 사업이나 테마파크 사업은 영화 사업의 지원을 받는 동시에 영화 사업을 지원하고 있는 것이다.

기존 사업이 있는 상태에서 새로운 사업을 시작하는 경우, 이 시너지 효과가 생기기 쉬운가도 시장을 평가하는 요소가 된다. **그 시장에 뛰어들어 1+1=2 이상의 가치가 생긴다면 큰 장점**이 될 것이다.

자, 이로써 다섯 가지 항목이 모두 갖추어졌다.

다섯 가지를 모두 꼼꼼하게 검토하기는 힘들 거라고 생각할 지도 모른다.

그렇지만 걱정할 필요는 없다. 처음에 이야기했듯이 여기에 서 알아야 할 것은 **시장을 선정하기 위해서는 이와 같은 요소 가 있다는 '사물을 보는 관점'**이다.

모든 것을 세세하게 분석하는 것이 아니라 이런 관점을 머 릿속에 넣어 두고 잠시 멈춰 서서 생각해 보라. 그것만으로도 상대방을 선택하는 여러분의 판단은 좋은 방향으로 달라질 것 이다.

▶ **마케터처럼 POINT · 23**
① 시장규모 ② 성장성 ③ 경쟁 환경 ④ 관련성 ⑤ 기존 사업과의 시너 지, 이 다섯 가지 관점으로 시장을 평가한다.

시장을 정의하는 사고방식을
일, 커리어, 인생에 활용한다

시장을 정의하는 사고방식은 평소의 일에도
활용할 수 있는 기술

STEP 1의 전반부에서는 마케터가 시장을 결정할 때 활용하는 사고방식을 살펴보고, 그 특징을 파악했다.

지금부터는 마케터가 아닌 여러분이 **이 사고방식을 평소의 일과 생활에 어떻게 활용할지**에 대해 설명하겠다.

◆ 자신만의 시장을 정의한다

시장을 정의하기 위한 사고방식과 기술은 원래 상품개발이나 신규사업개발 담당자를 위해 만들어졌다. 그 이외의 사람들이 평소 일을 할 때는 누구를 상대로 할지 미리 정해져 있을 때가 많다.

이를테면 고급차를 판매하는 영업담당은 주 고객층을 부유층으로 미리 정해두고 영업에 나선다. 회사에서 프레젠테이션을 하거나 결혼식에서 축사를 할 때도 청중은 미리 정해져 있다.

그러나 당신이 영업담당이나 신부측 친구대표와 같은 어떤 역할을 맡았을 때, 미리 정해져 있는 고객층이나 청중 **모두를 반드시 상대로 해야 할 필요는 없다.** 어떤 제약이 있어 모두를 상대로 하지 못할 수도 있고, 미리 정해져 있는 상대가 의도적으로 모호하게 정의되어 있거나^(바로 부유층처럼), 의도치 않게 모호하게 정의되어 있을 수도 있으며, 처음부터 정의되어 있지 않을 수도 있다.

그러한 경우에 **나름대로 자세히 시장을 정의하는 것부터 시작**하면 미션을 성공할 확률은 높아진다.

텔레비전 광고의 대상을 매번 정의하는 이유

실제로 마케터가 광고를 기획하려고 할 때는 이 시장의 정의를 거의 매번 하게 된다. 광고하는 상품 자체에 대상이 미리 정해져 있을 텐데 말이다. 일반적으로는 **타깃 설정 혹은 타깃**

팅이라고 불리는 과정이다.

참고로 이 책에서는 타깃이라는 표현을 일부러 쓰지 않았다. 타깃은 원래 사격 등의 표적을 뜻한다. 그만큼 상대방이 아닌 자신을 기준으로 생각하고 상대방을 물건으로 보는 듯한 표현이라, 이 책의 사고방식에 적합하지 않다고 생각했다.

광고를 만들 때마다 시장의 정의가 필요한 이유는 애초에 상품의 대상이 명확하게 정의되어 있지 않기도 하지만 다음과 같은 요소를 고려한 경우가 많기 때문이다.

◆ **그 상품의 대상이 되는 모든 사람에게 광고할 필요는 없다**

→ 광고하지 않아도 아는 사람들이 있다, 일정한 사람들에게는 이제 충분히 알려져 있다 등.

◆ **그 상품의 대상이 되는 모든 사람에게 광고할 수 없다.**

→ 모두에게 도달할 수 있는 매체가 없다, 예산에 제약이 있다 등.

이러한 점을 고려한 상태에서, 이 상품의 대상이 되는 다양한 사람들 중에 **특별히 이번 광고에서 누구를 대상으로 할 것인가를 정의하는 것**이다.

나는 광고에서 도브를 손이 더러운 남성을 위한 세정 용품으로 규정할 수도 있었지만, 피부가 건조한 여성을 위한 화장용품으로 규정했다.

- 데이비드 오길비(현대 광고의 아버지)

> ▶ 마케터처럼 POINT · 24
> 평소 일을 할 때도 내 나름대로 시장을 정의한다는 의식을 갖는다.

시장을 정의하는 사고방식을 스피치에 응용한다

이런 사고방식은 이를테면 갓 대학을 졸업한 신입사원들이 모인 자리에서 스피치를 할 때도 응용할 수 있다.

스피치의 청중은 미리 정해져 있지만, **그 모두를 직접 상대할 대상으로 삼을 필요는 없을지도 모른다.**

더욱이 여러 유형의 청중이 있을수록 모두를 만족시키기는 어렵다. 그때 **자신이 최대한 많은 청중에게 도움을 주려면 어떻게 해야 할지를 생각하면서 의도적으로 대상을 좁힌다.** 그때 여기에서 설명한 **시장을 정의한다**는 관점이 도움이 된다.

◆ 분류기준을 생각한다

먼저 청중을 어떻게 분류할 수 있을지 잘 생각해 본다.

성별, 국적, 이과 혹은 문과처럼 인사기록 파일에 라벨을 붙여 분류하는 방법만이 아니라 청중 안에 감춰져 있는 **눈에 보이지 않는 분류**도 찾아내려고 시도한다.

예를 들어 향후 자신의 커리어에 대한 사고방식을 놓고 볼 때, 신입사원들 중에는 다음의 세 그룹이 있다고 가정해 본다.

첫 번째 그룹: 가능한 한 빨리 출세하고 싶어 일에 매진하는 그룹
두 번째 그룹: 일과 삶의 균형을 존중하는 그룹
세 번째 그룹: 명확한 기준 없이 관망하는 그룹

◆ **시장을 평가한다**

세 그룹 중에 인원이 가장 많고, 자신이 가장 유익한 이야기를 들려줄 수 있을 것 같은 사람들은 누구인지를 생각한다.

일에 매진하는 첫 번째 그룹은 현재 있기는 하지만 소수라는 생각이 들었다고 치자. 일과 삶의 균형을 존중하는 두 번째 그룹은 실제로 자신이 그런 유형이 아니라서 그다지 유익한 이야기를 해 줄 자신이 없다.

그렇게 되면 세 번째인 관망하는 그룹을 대상으로 스피치를 구성하는 것이 좋다. 지금 상태에서는 사람 수도 가장 많은 것 같고, 과거의 자신도 그랬기 때문에 본인의 경험을 바탕으로

생생한 이야기를 들려줄 수 있을 것 같다.

이렇게 예측을 하고 청중들 중에서 주로 마주할 상대를 선정하는 것이다. 상대가 정해졌다면 그런 생각을 지향하는 신입사원을 찾아내 이야기를 들어보고, 무엇을 궁금해하는지, 스피치에서 어떤 이야기를 들으면 좋아할지를 찾아간다.

모두를 만족시킬 스피치를 할 수 있다면 더할 나위 없이 좋겠지만, 그렇게 할 수 없을 때도 그렇게 할 필요가 없을 때도 있다. 그럴 때는 앞서 말한 대로 준비를 하면 **자신이 도움을 줄 수 있는 범위를 최대한으로 넓힐 수 있다.**

참, 내 비밀을 말해줄게. 아주 간단한 거야. 그건 마음으로 봐야 잘 보인다는 거야. 중요한 건 눈에 보이지 않는단다.
－『어린 왕자』의 여우의 대사

> ▶ **마케터처럼 POINT · 25**
> 대상이 미리 정해져 있을 때도 자기 나름대로 대상을 정의한다.

시장을 정의하는 사고방식을 커리어에 응용한다

◆ 우리 모두가 '나'라는 상품의 마케터이다

시장의 정의란 원래 상품기획 및 사업기획 담당자를 위해 만들어진 사고방식이라고 말했다. 그런데 사실 **무슨 일을 하는 사람이든 상품기획 및 사업기획 담당자의 일면을 가지고 있다.**

바로 '자기 자신'에 관해서다.

취직이나 이직 그리고 사내에서의 승진 등의 무대가 되는 곳은 노동 시장인데, 그곳에서는 노동력이라는 상품이 거래된다. 자기 자신을 상품으로 생각하는 데는 거부감이 있을지 모르지만, 취직·이직·승진의 경우에 어떤 의미에서는 그것이 현실이다.

◆ **자신의 가치는 시장에 따라 달라진다**

약간의 오차는 있지만 **자신이 받을 수 있는 보수는 결국 얼마나 많은 사람에게 도움이 되는가에 따라 정해진다.**

테일러 스위프트나 레이디 가가가 엄청난 수입을 얻을 수 있는 이유는 전 세계의 사람이 그녀들을 원하기 때문이다. 국내 팝스타의 수입이 테일러 스위프트나 레이디 가가에 비해 적은 이유는 근본적으로는 상대할 수 있는 사람이 국내로 한정되기 때문이다.

뮤지션으로서의 재능, 실력, 노력에서 차이가 나는 게 아니다. **선택한 시장의 규모에서 차이가 난다.**

실제로 국내 축구선수나 야구선수가 국내를 떠나 세계 무대에 서면 연봉은 단번에 뛰어오른다. 여전히 같은 실력, 같은 재능, 완전히 같은 선수인데도 말이다.

연봉을 올리고 싶은 사람이 기획이나 프레젠테이션 능력을 향상시키고 실적 쌓기에 매진하는 것도 의미 있는 일이다.

그러나 그보다 중요한 건 적절한 시장을 선택하는 일이다.

암모나이트 화석을 감정하는 사람이 그 기술과 실적을 국내 최고 수준까지 끌어올렸다고 하더라도, 그 사람의 수입은 데이터 과학 분야의 평균 연봉에도 미치지 못할 것이다.

너무 극단적인 예일 수도 있으나 이와 비슷한 일이 노동 시장에서는 빈번히 일어나고 있다.

연봉을 올리고 싶다면 능력이나 실적을 높이기 전에 **먼저 자기 자신을 어떤 시장에서 팔 것인가를 따져보는 관점을 가졌으면 한다.**

급여 수준은 업계에 따라 다르기 때문에 연봉을 많이 올리고 싶다면 업계를 바꾸라는 말들을 자주 한다. 그러나 업계라는 건 시장을 정의하는 분류 방식에 지나지 않는다. 직종도 마찬가지다.

지금까지 살펴본 대로 마케터는 종횡무진 시장을 정의한다. 소매가 아닌 금융, 영업이 아닌 마케팅 등, 기존의 분류 기준대로 생각할 필요는 없다. 이에 대해서는 다소 이해하기 어려울 수도 있으니 구체적인 예를 들어 설명하겠다.

◆ **이직하지 않아도 시장을 따져볼 수 있다**

자신을 내다 팔 시장을 따져보기 위해 반드시 이직이 필요한 건 아니다. 시장을 따져본다는 말은 구체적으로는 자기의 관점을 바꾼다는 뜻이다. 즉, **같은 회사, 같은 위치에 있다고 해도 자기 자신과 동료가 염두에 두고 있는 시장이 다를 수 있다.**

이를테면 똑같은 인력 파견 업계의 영업관리자라도 A는 '인력 파견 영업의 전문가'라는 시장을 염두에 두는 것과 달리, B는 '영업조직 구축의 전문가'라는 시장을 염두에 두고 있을 수도 있다.

각자의 입장에 따라 강화해야 할 지식과 능력은 다르다. 그러면 자신이 어떤 공부를 할지, 어떤 일을 희망하고 선택할지에도 큰 차이가 생길 것이다. 영업관리자로서 수년에 걸쳐 인력 파견 영업 기술을 높이고 실적을 쌓은 A와 영업팀의 발족 등 영업조직의 구축 경험이 풍부한 B는 앞으로의 시장가치가 크게 달라질 가능성이 높다.

염두에 둔 시장에서 요구되는 지식과 능력을 강화하는 하나의 수단이 이직이기도 하다. 그런데 이직은 이직하는 시점의 능력이 평가받는 것에 비해, 사내의 인재 개발 측면에서는 그가 가진 잠재력과 희망이 고려된다. **자신을 팔 시장을 따져본다면, 대부분의 경우 지금의 일과 직장을 전제로 하는 편이 압도적으로 유리하다**는 것도 기억해 두길 바란다.

물론 시장가치, 즉 연봉을 높이는 일 자체는 목표와 목적이 될 수도 없고, 될 필요도 없다.

마케터처럼 사는 목적은 상대방의 관점에서 시작하고 자신을 잘 활용해 **최대한 많은 사람에게 도움을 주는 존재가 되는 것**이다. 보수는 얼마나 많은 사람에게 도움을 주었는지에 비례하므로, 그 결과로서 연봉이 높아지는 주종관계라는 사실을 다시 한번 강조하고 싶다.

> 인생의 목적은 행복한 인간이 되는 게 아니다. 그 목적은 도움을 주는 인간, 고결한 인간, 배려심이 있는 인간이 되어 나만이 해낼 수 있는 생활을 영위하는, 그것도 훌륭히 영위하는 일이다.
>
> - 랠프 월도 에머슨(미국의 철학자·시인)

▶ 마케터처럼 POINT · 26
'나라는 상품'을 어디에서 팔지를 먼저 생각한다.

TRY

시장을 정의한다

일
-

- 당신의 회사가 취급하고 있는 상품 또는 서비스의 시장을 당신을 기준으로 다시 정의해 보라

커리어
-

- 자기 자신을 팔 수 있는 시장의 목록을 최대한 많이 만들어 보라.

개인의 삶
-

- 유튜버가 된다고 생각하고, 당신이 정말 가치를 제공하고 싶은 사람들을 생각해 보라.

가치를 정의한다

- 상대방이 정말 원하는 것을 알 수 있다

왜 가치를 정의하는가?

가치를 정의한다는 건 무엇인가?

〈STEP 1. 시장을 정의한다〉에서는 최대한 많은 사람에게 도움을 주려면 어떤 대상을 선택해야 하는지 그 방법을 알아보았다.

더 많은 사람에게 도움을 줄수록 자신의 존재감을 더욱 높일 수 있고, 그 결과 더 많은 보수도 얻게 될 것이다.

〈STEP 2. 가치를 정의한다〉에서는 **어떻게 하면 상대방에게 도움을 줄 수 있을지**를 알아볼 것이다.

예컨대 유튜버를 시작하려면 먼저 누구를 대상으로 할지 생각해야 한다.

〈시장을 정의한다〉에서 익힌 사고방식을 활용해 최대한 대상을 넓힐 수 있도록, 유튜브 시청이 취미인 엔터테인먼트(오락과 즐거움이 있는 프로그램) 팬층을 대상으로 리액션 영상 채널을 개설했다고 하자.

리액션 영상이란 인기 동영상이나 뮤직비디오를 보면서 과장되게 감동한다(리액션한다)는 유튜브만이 가진 장르다. 엔터테인먼트인 만큼 시청자의 폭이 넓고 누구나 도전할 수 있을 정도로 문턱이 낮다는 점이 매력이다.

그렇다면 유튜브 시청이 취미인 사람들은 **엔터테인먼트에 어떤 가치를 추구할까?** 이를테면 잠깐 비는 시간을 때울 수 있다거나 그 세계에 몰입하게 해준다 등, 엔터테인먼트 콘텐츠에 원하는 가치는 사람마다 다르다. 그런 상황에서 **대상 집단이 추구하는 가치의 최대공약수를 찾아가는 건**. 가치를 정의한다는 것으로 바꿔 말할 수 있다.

마케팅에서 말하는 가치란 상대방이 느낄 수 있는 가치였다. 가치가 상대방의 수중에 있는 이상, 가치를 정의한다는 과정은 **어떻게 상대방의 의견을 들을지로** 집약할 수 있다.

그런데 상대방의 의견을 듣는다는 것은 비유적인 표현이다. 실제로는 상대방이 의식하고 있지 않거나, 의식하고는 있지만 입 밖으로 꺼내고 싶지 않은 가치도 포함해, **상대방이 무엇을**

원하는지 파악하는 것을 목표로 한다.

세상을 위한, 남을 위한, 나아가서는 나를 위한 일을 하면 반드시 성취할 것
이다.

- 마쓰시타 고노스케(파나소닉 창업자)

◆ **가치의 정의는 상품이나 서비스를 만들기 전에 실시한다**

휴대전화로 편하게 촬영해서 컴퓨터로 편집할 수 있는 유튜
브 영상이라면, 일단 영상을 몇 개 올려 본 다음에 상대방의 의
견을 듣고_(시청 데이터를 분석해), 콘텐츠의 방향성을 좁혀가는 것도 방
법일 것이다.

그러나 예를 들어 자동차를 '시험 삼아' 만들어서 '시험 삼
아' 시장에 내놓는 일은 불가능하다.

그러한 전제 속에서 발전해 온 마케팅에는 **상품이나 서비스
를 만들기 전에 상대방의 의견을 듣기 위한 기술이나 노하우가**
갖추어져 있다. 지금부터 STEP 2에서 설명할 내용은 주로 그
런 기술이나 노하우다.

손쉽게 궤도를 수정할 수 있는 유튜브라도 첫발을 크게 잘
못 떼면 그 후의 조정이 매우 어려워질 것이다.

개인의 커리어를 구축할 때도, 시장에서 요구되지 않는 경

험이나 기술을 수년에 걸쳐 익히고 나면 궤도를 수정하기가 상당히 곤란해질 것이다.

마케팅 실무는 물론이거니와 마케터처럼 사는 우리로서도, **자칫 가치를 잘못 정의하면 그 뒤에 따를 노력이 모두 물거품으로 될 수도 있다.** 그렇게 되면 결과적으로 많은 사람에게 도움을 줄 수 없다.

그렇게 되지 않으려면 **사전에 상대방의 의견을 제대로 듣는 일이 중요하다.** 그러므로 마케팅의 기술을 구사해 상대방이 무엇을 원하는지를 먼저 파악해야 한다.

> ▶ **마케터처럼 POINT · 27**
> 상대방을 정의했다면 그 상대방이 추구하는 가치를 알아낸다.

상대방을 파악하기 위해서는 지식과 기술이 필요하다

◆ 상대방을 파악하는 건 간단하지 않다

상대방이 무엇을 원하는지 파악한다. **말은 쉽지만 실제로는 그렇게 간단하지 않다.**

의사가 환자를 파악하는 과정을 상상해 보라. 병원에 오는 환자는 저마다 괴로운 증상을 가지고 있지만 자기 자신에게 무엇이 필요한지 잘 모른다. 모르기 때문에 병원에 오는 것이다.

이를테면 두통이 너무 심한 환자는 어디에 어떤 문제가 있는지 자기는 모른다. 그래서 병원에 온 환자를 의사가 진찰한다. 진찰이라는 건 의료행위이기 때문에 아무나 할 수 없다. 의료행위에는 전문적 지식과 대화의 기술이 필요하다.

지식으로 말하자면, 먼저 **환자가 가진 문제를 체계적으로 알고 있어야** 한다.

두통의 원인에는 이것과 이것이 있다는 다양한 가설을 가지고 있어야 한다. 또 각각의 원인에 맞게 적절한 해결책을 세트로 머릿속에 넣어 두어야 한다.

환자의 입장에서 의사를 관찰해 보면, **증상을 묻는 방식에도 기술이 있는** 것 같다.

"어떻게 아프세요? 욱신욱신하세요?", "꽉 조이는 느낌이 드세요?"라며 증상을 보다 구체화해서 원인이 되는 문제의 가설을 좁혀간다.

이것이 **대화의 기술**이다.

여기에서 대화라고 하면 이야기를 듣는 것만 떠올리기 쉬운데, 원래 상대방 자신도 모르고 있는 것을 파악하려고 하는 것이므로 언어를 사용한 커뮤니케이션에는 자연히 한계가 있을 수 있다. 그래서 촉진하거나 검사를 하는 것도 의사에게는 환자와의 중요한 **대화**인 것이다.

◆ **상대방 자신도 모르는 상대방의 바람을 이해한다**
마케팅에서 상대방을 파악하는 과정도 의사의 방식과 매우 비슷하다.

상대방은 이따금 자기가 원하는 것이 명확하게 무엇인지 모를 때가 있다. 아니, 자신이 무엇인가를 원하고 있다는 사실조차 자각하지 못할 때도 있다.

그런 상대방에게,

- 가치에는 어떤 종류가 있는지를 파악하는 지식
- 추구하는 가치를 캐내기 위한 대화의 기술

이런 지식과 기술을 구사해서 **상대방이 원하는 것은 무엇인지를 밝혀가는 것이 가치를 정의하는 과정**이다.

> ▶ **마케터처럼 POINT · 28**
> 가치에 관한 지식과 대화의 기술을 구사해 상대방이 원하는 것을 밝혀간다.

가치의 정의가 비즈니스의 승패를 가른다

더욱 중요한 건 프로세스를 어떤 순서로 배치하는가이다.

〈가치를 정의한다〉는 〈가치를 만든다〉와 〈가치를 알린다〉 앞에 온다. 앞에서 잠깐 언급했듯이, **이 가치를 잘못 정의하면 그다음의 과정에서 아무리 애를 써도 모든 노력이 물거품이 되고 만다.**

이에 대해 비즈니스 사례를 들어 조금 더 자세히 살펴보자.

〈몬스터 에너지〉나 〈레드불〉 등으로 대표되는 에너지 음료 시장은 매년 두 자릿수 이상으로 계속 급성장하고 있는 분야다. 이와 달리 일본제품이 대부분을 차지하는 건강 음료^(드링크제) 시장은 최근 수년 동안 계속 축소되고 있다.

이 배경에는 '**가치의 정의**'에서 차이가 있다고 볼 수 있다.

몬스터 에너지나 레드불은 패키지의 디자인을 감각적으로 만들고, 운동선수나 뮤지션과 제휴해 **상대방에게 '의미가 있다'라는 가치**를 만들어내고 있다. 이것이 PART 1의 CHAPTER 2에서 소개한 **정서적 가치**다.

반면 드링크제는 지금까지 쭉 '피로가 풀린다' 같은 실익과 햇빛을 차단하는 어두운색의 병이나 제약회사의 브랜드명 등을 사용한 품질보증을 중시해 왔다. **상대방에게 실질적 '도움**

이 된다'라는 의미에서, 이 책에서는 이것을 **기능적 가치**라고 부르고 있다.

그런데 만약 상대로 하는 고객이 자양강장제 음료에 기능적 가치가 아닌 정서적 가치를 추구한다면 무슨 일이 일어날까? 이 시점에서 이미 승부는 정해져 버린다. 이 과정에서 첫 단추를 잘못 끼우면, 그다음에 아무리 가치를 만들어 가치를 알리려고 힘써도 돌이킬 수 없다.

결국 이 **가치를 정의하는 과정이 바로 마케팅의 심장부**인 것이다. 지금부터는 그런 심장부를 더 깊이 들여다보고자 한다.

> ▶ **마케터처럼 POINT · 29**
> 가치의 정의를 잘못하면 그다음에 어떤 노력을 해도 되돌릴 수 없다.

가치를 정의하는 마케터의 사고와 기술

이 책에서는 제품으로서의 '물^(생수)' 이야기를 여러 번 했다.

내용물은 거의 비슷한데 사람마다 선호하는 것이 다르기도 하고, 가격차가 있기도 한다. 대체 왜 그럴까? 이 구조를 다시 마케팅적으로 해부해 보자.

이를테면 내가 음료 제조업체를 설립하고 〈산의 천연수〉라는 물을 출시했다고 하자. 이 물은 아카이시 산맥에 위치한 수원지에서 길어 와 위생관리가 완벽한 공장에서 병에 채워 넣은 연수라고 가정한다.

마찬가지로 연수인 〈볼빅〉과 〈산의 천연수〉가 같은 가격으로 팔리고 있다면, 아마도 〈산의 천연수〉를 사는 사람은 거의 없을 것이다. 가격이 약간 비싼 정도라도 역시 많은 사람이 〈볼빅〉을 사지 않을까? 두 물에는 **명확한 가치의 차이가 존재**한다.

이 두 물에는 미묘한 성분의 차이가 있을 수 있지만, 같은 연수인 만큼 그 차이가 지각할 수 있을 정도는 아닐 것이다. **마케팅적 가치는 지각할 수 있는 가치이기 때문에 가치의 차이는 물 자체에서 오는 것이 아니라고 볼 수 있다.**

그럼 과연 이 가치의 차이는 어디에서 오는 것일까?

가치를 이해하고 스스로 만들기 위한 규칙

두 생수의 가치 차이를 분석하기 위해 앞으로 사용할 프레임워크(Framework 분석체계)를 소개하겠다.

프레임워크는 추상화(Abstraction 복잡한 것을 단순화하여 인식하기 쉽게 만드는 작업)된 사례를 말한다. **추상화란 몇 가지 사례에 공통하는 요점을 뽑아낸다**는 뜻이다.

언어의 사용법을 분석하고 몇 가지 표현의 공통점을 찾아내 의미를 정의하는 것도 추상화다. 예를 들면 '감성 돋는다'라는 말의 의미를 추상화하고 정의할 수 있다면, 그 본질을 이해하고 자신도 자유자재로 구사할 수 있게 될 것이다.

마케팅의 프레임워크도 이와 비슷하다.

많은 사례에서 공통점을 추상화하고 정리하면 사례의 본질

을 이해할 수 있게 되고, 스스로 사례를 만들어낼 수도 있다.

지금부터 소개할 프레임워크는 이 책의 중요한 주제인 가치의 사례를 추상화한 것이다. 즉, **여러 가지 가치의 사례에서 공통점을 뽑아 정리함으로써 가치의 본질을 이해하고 스스로 가치를 만들어낼 수 있도록 하는 것**이다.

다음의 표2는 내가 '**가치의 사분면**'이라고 부르는 프레임워크이다.

- 가로축: 기능적인가, 정서적인가
- 세로축: 현재적(겉으로 드러나 있다)인가, 잠재적(뒤에 감추어져 있다)인가

이렇게 가치를 네 가지 차이로 정리하고 있다. 이 네 가지 가치를 앞서 본 〈볼빅〉과 〈산의 천연수〉의 차이를 예로 들어 설명하겠다.

<표2> 가치의 사분면

현재적	
평판 가치 = 액세서리처럼 의미가 있는 것	**실용 가치** = 지금, 도움이 되는 것
정서적 ←	→ 기능적
공감 가치 = 부적처럼 의미 가 있는 것	**보증 가치** = 무슨 일이 생겼을 때 도움이 되는 것
잠재적	

◆ 실용 가치

먼저 **실용 가치**다. **기능적이고 현재적인 가치**가 그 정의다.

기능적이라는 건 **도움이 되는 것**이라고 보면 된다. 그리고 현재적이란 건 **지금 눈앞에 있어 의심할 여지없이 존재한다**는 말이다.

물로 말하면, '갈증을 해소해 준다'를 비롯해 '맛이 거칠다 · 순하다(그래서 맛있다)', '이뇨작용이 강하다 · 약하다' 등 구체적으로 도움이 되는 것이 실용 가치에 해당한다.

이미 여러 번 이야기했듯이 〈볼빅〉과 〈산의 천연수〉는 이 실용 가치에서 거의 차이가 없다.

◆ 보증 가치

다음으로 **보증 가치**다. **기능적이고 잠재적인 가치**라 할 수 있다.

잠재적이란 **지금 눈앞에는 없지만, 분명히 존재한다**는 뜻이다. 기능적이고 잠재적이라는 건 **겉으로 드러나지 않지만, 지속적이면서도 확실한 도움을 주고 있다**라고 보면 된다.

생수로 말하자면, '물의 품질은 믿을 수 있다'라고 하는 것이 보증 가치에 해당한다.

대기업에서 출시하고 있는 제품이니까 품질에는 문제가 없겠지. 만일 무슨 일이 생기면 그때는 제대로 대응해 주겠지. 직접 몸에 흡수되는 식품이나 음료에는 그런 이중 삼중의 안도감이 보증 가치로 요구된다. 대를 이어온 브랜드이며 오랫동안 전 세계에서 판매되고 있는, 더구나 일본에서는 대기업인 KIRIN이 관리한 〈볼빅〉은 강력한 보증 가치를 가지고 있다. 한편 이름도 낯선 신생 회사가 출시하는 〈산의 천연수〉에는 이 보증 가치가 거의 없다고 해도 무방하다.(다만 실제로는 판매처인 소매기업의 신뢰도에 힘입어 이 상품 역시 매장에서 전혀 안 팔리지는 않을 것이다.)

◆ 평판 가치

다음은 **평판 가치**다. **정서적이고 현재적인 가치**다.

정서적이란 실질적인 **도움은 되지 않지만, 그 사람에게 의미가 있다**는 뜻이다.

수치상으로는 메르세데스 벤츠와 성능이 똑같은 국산차가 있다고 하더라도 가격면에서는 큰 차이가 난다. 착용감과 기능이 거의 똑같이 뛰어나도 프라다 티셔츠 한 장 값으로 마트에서 저렴한 옷 100장은 살 수 있다.

이때 벤츠나 프라다에는 구매자의 입장에서 볼 때 **기능을 넘어서는 의미가 있다.**

정서적 가치가 현재적일 때, 이 '의미'는 타인과의 관계 속에

서 발생한다고 보면 된다.

예컨대 벤츠를 타고 다니는 사람을 부자로 보거나, 도로를 달리는 다른 차들이 벤츠를 조심스럽게 피해 간다고 한다. 기능을 넘어서는 의미이긴 하지만, 그것을 **타인과의 관계 속에서 분명하게, 즉 현재적으로 느낄 수 있다.**

이런 가치가 평판 가치다.

세련되고 멋진 남성 혹은 여성이 헬스장에서 땀을 흘리고 난 후 〈볼빅〉을 마시는 모습은 어떨까? 아주 멋있다고 생각하지 않을까? 헬스장에서는 팔지 않는 〈볼빅〉을 일부러 들고 다니는 걸 보면 '항상 저 물만 마시나 봐, 역시 품위 있는 사람'이라며 주가를 올릴 것이다.

그런데 마시는 물이 〈산의 천연수〉였다면 '어딘가에서 산 싸구려 물을 굳이 체육관까지 챙겨오다니!'라며 반대로 주가를 떨어뜨릴지도 모른다.

이처럼 평판 가치를 가진 브랜드는 **일종의 액세서리** 같은 힘을 발휘한다. **어떤 상품이 그 사람에게 액세서리처럼 기능할 때 그 브랜드는 평판 가치를 가지게** 된다.

이 평판 가치에서도 〈산의 천연수〉는 〈볼빅〉에 참패를 당한 셈이다.

◆ 공감 가치

마지막으로 **공감 가치**다. **정서적이고 잠재적인 가치**라고 정의할 수 있다.

정서적 가치라서 평판 가치와 마찬가지로 기능을 넘어선 의미의 이야기다. 그 의미가 타인과의 관계에서 생기는 것이 아니라 **순수하게 자기 안에서 생긴다**는 점이 평판 가치와 다른 점이다.

평판 가치가 액세서리라면, 이 **공감 가치는 부적** 같은 의미다. 공감 가치를 가진 브랜드는 자신에게 부적 같은 위력을 발휘한다.

공감 가치가 높은 브랜드의 대표주자는 역시 **나이키**다.

나이키는 지금까지 좋은 의미로 '비정상인' 운동선수들을 지원해 왔다. 악동으로 불린 테니스 선수 존 매켄로나 자유분방한 사생활로 알려진 NBA 선수 데니스 로드먼 등이 대표적이다.

흑인을 향한 인종차별에 항의해 국기게양 때 일어서지 않아 물의를 빚은 NFL의 콜린 캐퍼닉 선수는 'Dream Crazy'라는 제목의 광고에서 내레이터와 주연을 맡았다. 당시 트럼프 대통령에게도 비난을 받은 캐퍼닉 선수는 그 이후 2년 동안 NFL의 공식 무대에서는 자취를 감췄지만, 그동안에도 나이키는 캐퍼닉 선수를 은밀히 지원했다고 한다.

자신도 그런 비정상이 되고 싶다는 팬들은 그런 나이키의 자세에 공감하는 동시에 용기를 얻는다. 그런 팬에게 나이키의 로고는 그야말로 나답게 존재하기 위한 부적이다.

나이키나 애플처럼 **높은 공감 가치를 가진 브랜드 대부분이 높은 평판 가치를 동시에 가지고 있다.**

그러나 반대로 **높은 평판 가치를 가진 브랜드가 반드시 높은 공감 가치를 가진다고는 할 수 없다.**

이를테면 프라다 가방을 그 역사와 신념에 공감해서 구매한 사람은 얼마나 될까? 샤넬 지갑을 애용하는 사람 중에 창업자 가브리엘 보뇌르 샤넬의 패션 철학을 뜨겁게 이야기하는 사람은 얼마나 있을까?

그런 브랜드의 DNA를 모르는 사람들에게 프라다나 샤넬은 액세서리일 수는 있어도 결코 나답게 존재하기 위한 부적이라고는 할 수 없다.

생수 이야기로 돌아가 보자.

〈볼빅〉은 알다시피 프랑스의 물이다. 프랑스의 가치관에 공감하고 프랑스를 좋아하는 사람은 〈볼빅〉을 마시면서 정신적 만족감을 얻을 수 있을 것이다.

〈볼빅〉의 패키지 디자인에는 'from France'라는 글자와 함께 프랑스 국기인 '라 트리콜로르'가 티 나지 않게 배합되어 있는데, 이 디자인은 정신적 만족감의 효과를 노린 것 같다.

이런 만족감은 당연히 〈산의 천연수〉에서는 얻을 수 없다. 여기에서도 〈산의 천연수〉는 〈볼빅〉에 크게 뒤처지고 있다.

지금까지 살펴본 것처럼 〈볼빅〉과 〈산의 천연수〉 사이에는 실용 가치에서만 차이가 없을 뿐, 보증과 평판 그리고 공감 가치에서는 크게 차이가 났다.

이 격차가 바로 두 브랜드의 가치 차이는 물론이려니와 더 나아가서는 가격 차이를 낳는다.

이 가격 차이는 브랜드세라고 불릴 때가 있다. 실태를 동반하지 않는 것, 비합리적인 것으로 생각하는 사람도 있는데 결코 그렇지 않다. **명확한 가치의 근거는 있지만, 그것이 '실용 가치'는 아니라는 이야기**일 뿐이다.

테크놀로지 업계에서 유일하게 라이프 스타일 브랜드를 만들어낸 사람이 스티브다. 차로 말하면 포르쉐, 페라리처럼 가지고만 있어도 자부심이 느껴지는 제품이 있다. 운전하는 차에는 자신이 반영되기 때문이다. 애플 제품도 사용자들이 그렇게 생각한다.

-래리 엘리슨(오라클 창업자)

> ▶ **마케터처럼 POINT · 30**
> 가치는 〈실용 가치〉, 〈보증 가치〉, 〈평판 가치〉, 〈공감 가치〉 네 가지로 나누어 생각한다.

제공할 가치를 결정한다

그런데 이 네 가지 가치가 반드시 모든 상품에 필요한 건 아니다. 예를 들면 딱풀이나 공업용 나사에 평판 가치나 공감 가치를 추구하는 이용자는 아마 없을 것이다.

그럼 **여러분의 상품에는 과연 어떤 가치들이 필요할까?**

그리고 예컨대 공감 가치가 필요하다면 **구체적으로 어떤 공감 가치가 필요할까?**(어떤 부적이어야 할까?)

그것을 밝히는 일이 **가치의 정의**다.

가치의 정의는 결국 **고객의 가치를 파악하는 것**이나 다름 없다.

왜냐하면, 거듭 말하지만 마케팅에서 말하는 가치는 상대방의 내면에서 생기는 것이기 때문이다.

가치를 정의한다는 말은 **가치를 만들기 전에 그 내용을 결정해야 한다**는 점을 강조하고 있다. 가치를 만들어내는 과정을 의식한 표현인데 상대방과의 관계에서 보자면 '결정한다'라는 건 조금 어폐가 있을지도 모른다.

왜냐하면 상대방이 추구하는 가치는 나 혼자서는 결코 결정할 수 없기 때문이다. 상대방과의 관계성에 주목하면, **가치는 나 혼자서 결정하는 게 아닌 상대방의 내면에서 찾아내는 것**이다.

♦ **고객의 의견을 들을 기회는 의식하지 않으면 생기지 않는다**

고객의 가치를 파악하는 것, 즉 상대방의 내면에 있는 가치를 찾아내기 위해서는 **고객의 의견을 직접 듣는 것**이 무엇보다 효과적이다.

당연한 소리라고 생각할지 모르지만, 사실 이 방법이 좀처럼 쉽지 않다.

예컨대 매일 매장에 서 있는 의류 판매원이라도 손님이 왜 그 옷을 샀는지, 왜 매장까지 왔는지 등의 이유를 깊이 있게 물어볼 기회는 거의 없다.

영업직의 경우는 원래 최종적인 이용자만 만나는 게 아니다. 소매점 상인도 만나고 법인 구매 담당자들도 만난다. 개인용 상품이든 법인용 상품이든 영업 부문 직원이 상대로 하는 사람, 그런 이용자의 대리인 입장일 때가 많다.

판매직이나 영업직조차 그럴진대 기획직 같은 사무직 사람들은 오죽할까. **고객의 의견을 직접 들을 기회는 신경 써서 만들지 않으면 생기지 않는다.**

이 새 시대의 리더는 겸허한 마음으로 타인의 입장에서 생각하고, 사람들의 원동력이 무엇인지를 이해할 필요가 있다. 성공하려면 타인의 편의를 도모해야 한다는 것을 인식할 필요가 있다.

– 요르마 올릴라(로열더치셸 전 회장)

◆ 조사로 구매 이유와 구매하지 않는 이유를 파고든다

마케터는 다양한 방법을 이용해 고객의 의견을 직접 듣고 있다.

'조사'라고 하면 설문조사만 떠올리는 사람이 많겠지만, 고객을 직접 만나러 가는 착실한 대면 조사도 자주 한다.

이런 조사를 통해 어떤 상품의 구매 이유와 구매하지 않는 이유를 파고든다. 이 **구매 이유와 구매하지 않는 이유 속에 바로 그 상품의 가치가 숨겨져 있다.**

예를 들면 패션에 관심이 많은 남성을 고객층으로 하여 머릿결을 중시한 샴푸를 개발했다고 하자.

이 샴푸를 사서 썼지만 지금은 쓰지 않는 이유로 '머릿결은 괜찮은데 헤어 스타일링제가 잘 안 씻긴다.'라는 의견이 있었다고 하자. 한때 사서 썼지만 지금은 쓰지 않는 이유가 구매 이유와 구매하지 않는 이유의 조합이라서 굉장히 유익한 정보다.

여기에서 패션에 신경을 많이 쓰는 남성은 샴푸에 '좋은 머릿결'을 추구하고 있지만, 동시에 '헤어 스타일링제가 잘 씻긴다'라는 가치도 추구하고 있다는 가설을 이끌어낼 수 있다.

이처럼 기능적 가치를 알아내는 방법은 사실 그렇게 어렵지 않다. 그러나 **정서적 가치를 알아내려면 지식이 좀 필요**하다.

이를테면 오토바이 애호가를 대상으로 한 인터뷰에서 '할

리를 탈 수 없다면 그건 내 인생이 아니다'라는 의견이 나왔다고 하자. 그것은 할리가 그 사람에게는 일종의 **부적과 같은 존재**임을 알 수 있다. 할리라는 오토바이에 **공감 가치**를 느끼고 있는 것이다.

그러나 이 할리 애호가는 '오토바이가 내 삶의 부적이 돼주기를 바란다'거나 '내가 오토바이에 추구하는 건 공감 가치다'와 같은 말은 결코 하지 않을 것이다.

당신이 지금 그렇게 분석할 수 있는 이유는, 앞에서 소개한 **가치의 사분면이라는 프레임워크를 이미 알고 있기 때문**이다. 그 프레임워크를 모르는 사람이 오토바이 애호가의 인터뷰를 들으면 '이 사람은 할리를 굉장히 좋아하는군'이라는 정도만 느낄 것이다.

그렇기 때문에 이런 인터뷰에서는, 관련 지식을 가진 마케터나 이 책을 읽은 당신 같은 사람이 직접 만나 이야기를 듣는 게 중요하다.

직접 만나면 대답은 바로 끌어내지 못하더라도 상대방의 말투, 표정, 몸짓, 손짓을 보고 여러 가지를 느낄 수 있다. 생각난 가설을 확인하기 위해 그 자리에서 추가 질문을 할 수도 있다.

이런 인터뷰는 전문 리서치 회사를 이용하지 않고 직접 할 수도 있다. 편하게 말을 걸 수 있는 고객이나 고객 후보가 있다면 간단한 선물을 준비해 직접 만나 이야기를 들어보는 방식으로도 충분하다.

> 전문 리서치 회사를 이용할 수 없을 때는 6명 정도의 주부를 대상으로 직접 조사해 보면 좋다. 때로는 자기가 참여하지 않는 전문적 조사보다 그편이 도움이 된다.
>
> - 데이비드 오길비(현대 광고의 아버지)

◆ 고객의 의견에서 얻은 가설을 데이터로 검증한다

한편 인터뷰에서 들은 의견은 온전히 그 한 사람만의 의견이다. 그 의견을 어느 정도 타인에게 적용할 수 있을지는 확실하지 않다.

마케팅에서 상대는 한 명이 아닌 사람들의 집단이다. **인터뷰를 통해 발견할 수 있는 가치는, 그 한 명에게는 진실일 수 있으나 집단을 대상으로 했을 때는 어디까지나 가설일 뿐이다.**

이런 데이터를 **정성**(定性) **데이터**라고 한다. 질은 높지만 양이 적은 데이터다. **정성 데이터로 얻어진 가설은 제대로 양이 담보된 정량 데이터로 증명해야** 한다.

이때 마케팅 실무에서는 전문 리서치 회사에 의뢰해 설문조사를 하지만, 다른 방법으로도 정량 데이터를 얻을 수 있다.

- 자사의 메일 매거진 회원에게 부탁해서 설문을 한다.
- 무료 웹에서 만든 설문조사를 웹사이트에 올린다.
- SNS로 설문조사를 하고 지인에게 부탁해 그 조사가 널리 퍼질 수 있게 한다.

이 같은 방법으로도 상대방을 직접 만나 찾아낸 가설을 정량 데이터로 증명할 수 있다.

> ▶ **마케터처럼 POINT · 31**
> 인터뷰를 해 상대방이 무엇을 추구하는지 가설을 세우고 설문조사로 검증한다.

상대방이 추구하는 가치를 이해하려면 지식과 대화의 기술이 필요하다고 말했다.

마케터에게는 **가치의 사분면 같은 프레임워크가 '지식', 각종 조사가 '대화의 기술'**에 해당한다. 지식과 대화의 기술은 전문적인 기능이긴 하나, 의사의 진찰처럼 면허가 필요한 기능은 아니다. 마케터가 아닌 사람들도 **이 기능을 사용해서 일, 커리어, 인생을 더 향상시킬 수 있다.**

지금부터는 그 구체적인 예를 살펴보자.

가치를 정의하는 사고방식을
일, 커리어, 인생에 활용한다

인재로서의 자기 가치에도 사분면이 있다

"저렇게 골프만 치고 회식만 하는 사람이 어떻게 부장이야?
기획하고 비즈니스를 하는 건 나랑 선배인데 말이야."

이런 불만을 가져본 적은 없는가?

나도 예전에는 그런 불만을 자주 느꼈는데 언젠가부터 거의
느끼지 않게 되었다. **사람이 직장에서 발휘하는 가치는 다양하
다**는 것을 마케터의 관점을 통해 알게 되었기 때문이다.

그런 깨달음을 공유할 수 있는 여담을 하나 소개하겠다.

나는 지금까지 여러 차례 이직을 했다. 어느 직장이나 광고
주라는 고객의 입장이었기 때문에 페이스북 등을 통해 이직한

다고 인사를 하면, 관련 있는 광고업계 영업 담당자가 따로 메시지를 보내온다. 메시지의 내용은 크게 다음 세 가지 유형으로 분류할 수 있다.

첫 번째 유형은 **'후임을 소개해 달라'**는 내용이다.

상대방의 입장에서 보면 고객사의 주요인물이 사라지는 건 큰 타격이다. 어떤 상품을 팔아보기 위해 회사 내에서 조정하고 있던 안건도 있었을 것이다. 그 사람 입장에서는 당연히 할 수 있는 말이고 영업의 기본자세라고도 할 수 있다.

두 번째 유형은 **'회사가 바뀌더라도 계속 함께 일하고 싶다'**라는 메시지다.

이건 매우 고마운 말이고 마케터에게는 더없이 행복한 일이다. 이 유형은 '그러니 괜찮으시다면 좀 안정이 된 후에 새 직장에서 인사드리겠습니다.'라며 불쾌하지 않게 영업적으로 이어지는 말도 잊지 않는다.

마지막 유형은 **'그동안 수고 많았다. 참 많은 일들이 있었는데, 송별회라도 열어 회포라도 풀자'**라며 무엇보다도 노고를 먼저 위로해 주는 사람이다.

이직을 앞둔 순간에는 새로운 도전에 대한 설레는 마음 이상으로 떠나는 회사에 대한 아쉬움이 더 클 때도 많다.

그런 마음을 알아주기라도 하듯 앞으로의 일은 제쳐 두고 일단 이제까지의 노고를 위로하고 과거를 함께한다. 이건 진심으로 마음에 와닿는 배려다.

◆ 영업 담당자의 가치를 분석한다

앞서 예를 든 **영업 담당자의 가치를 그들이 근무하는 회사의 입장에서** 분석해 보자.

첫 번째 유형은 **한번 물면 절대 고객을 놓치지 않는 공격적인 영업 담당자**일 것이다.

영업 본연의 기능인 계약체결을 제대로 밀어붙인다는 의미에서, **이 유형이 조직에 가져오는 실용 가치는 높이 평가받아 마땅하다.**

한편 그런 공격적인 영업 담당자는 숫자에 집착이 강하고 목적을 위해서는 수단을 가리지 않는 경향이 있어, 어딘가에서 길을 벗어날 위험이 없지는 않다. 때로는 밀어붙이는 자세가 문제를 일으키기도 할 것이다. **그럴 걱정 없는 보증 가치가 높은 영업 담당자는 특히 법률적 문제 발생 위험이 큰 업계에서는 귀중한 존재로 여겨진다.**

성과를 올리면서 문제를 일으키지 않고, 분위기를 망치지 않는 건 누구나 할 수 있는 일이 아니다. '모난 돌이 되어라'처럼 독특한 개성을 예찬하는 풍조도 있지만, 특히 중간관리직

등에서는 무난하게 조직을 운영하는 능력을 기초체력으로써 중요하게 여긴다. **두 번째 유형은 이런 보증 가치로 조직에 기여하는 영업 담당자**일지도 모른다.

세 번째 유형의 영업 담당자는 **회사를 넘어선 개인의 인간관계**를 중시한다.

인간관계를 중시하는 건 자기의 신조이자 조직 문화이기도 할 것이다. 그리고 그런 신조와 문화를 구현하는 데 타고난 감수성과 공감 능력을 발휘하고 있는 것이다.

회사의 문화가 인간관계를 중시하는 편이라면, 이 인재는 **회사의 얼굴이 되어 평판 가치를 높여주고 조직 문화를 구현해 공감 가치를 발휘해 준다**고 할 수 있다.

내 경우에는 직장을 옮겨도 관계를 유지하고 있는 회사는 세 번째 유형의 영업 담당자가 있는 곳이 대부분이다. 이런 **평판 가치와 공감 가치는 단기적 숫자로는 좀처럼 측정하기 어렵지만, 조직 입장에서는 얻기 힘든 기여**라는 건 분명하다.

◆ 로널드 레이건 대통령의 가치 사분면

이런 모든 가치를 균형 있게 발휘할 수 있는 사람은 당연히 높은 평가를 받는다.

제40대 미국 대통령 로널드 레이건이 대표적인 예다. 레이건 대통령은 재임 중에 '아베노믹스'의 어원이기도 한 '레이거노믹스'라는 경제 정책으로 미국 경제를 회복시켰다(실용 가치).

총격으로 몸속에 총알이 박히는 사건을 겪으면서도, 정권 운영을 유지했고 격화되고 있었던 냉전을 종식으로 이끌어가는 등 위기에 강한 면모는 유례가 없었다(보증 가치).

할리우드 배우 출신 특유의 우아한 행동 스타일과 아나운서 시절에 연마한 스피치 능력으로, 미국을 대표하는 얼굴로서 미국인은 물론 전 세계인을 매료시켰다(평판 가치).

또 미국의 이념인 자유주의를 구현하고, 그 이념을 위협한다고 여겨지는 것에는 철저히 항전했다. 총격을 받고 병원으로 옮겨져 죽음의 문턱을 넘나들면서도 수술진에게 너스레를 떠는 강인함과 유머는, 미국을 상징하는 것으로 국민들에게 환영받았다(공감 가치).

이런 가치를 인정받아, 레이건 대통령은 당시 사상 최고령 대통령으로 재임까지 총 8년의 임기를 마치고 높은 지지율을 유지한 채 백악관을 떠났다. 그런 레이건 대통령의 공적은 퇴임한 후 얼마 되지 않아 역사 교과서에도 실리게 되었다.

◆ **인재의 가치는 흑백의 단색이 아닌 무지개색**

레이건 대통령처럼 모든 가치를 높은 수준으로 발휘할 수 있다면, 국가나 기업의 전설적인 지도자가 될 수 있을 것이다. 그것을 목표로 하는 것도 하나의 길이다.

그러나 역대 미국 대통령 중에서조차 모든 가치를 높은 수준으로 발휘한 위인은 손으로 꼽을 정도다.

국가나 지자체의 지도자 중에는 평판 가치나 공감 가치로 인정받고, 실용 가치나 보증 가치는 측근들로 하여금 보충하도록 한 사람도 적지 않을 것이다. 행정에서도 기업에서도 수장이 대담한 비전을 내걸고 추진하면, 이인자가 눈앞에 직면한 일을 처리해 수비를 굳히는 조합은 자주 볼 수 있다.

반대로 화려한 배경이나 겉으로 보이는 화려함, 그리고 큰 비전 없이도 탁월한 실무능력으로 정상에 오르는 사람도 있다.

인재로서 갖는 가치는 결코 흑백의 단색이 아니다.

그 가치는 다양성의 상징인 **무지개색**이다.

우리는 자신이 구입하는 상품의 다양성은 인정하면서, 다양성을 가지고 자기 자신을 인정하는 데는 서투른 것 같다.

아무 쓸모는 없지만 자신에게는 큰 의미가 있는 희귀한 물건을 수집하는 한편, '목적을 위해서는 수단과 방법을 가리지 않는' 공격적인 영업을 하지 못한 탓에 실용 가치를 발휘하지 못하는 자신을 탓하기도 한다.

혹은 반대로, 숫자 지상주의만으로 자신의 가치를 과시하고 그 밖의 가치를 돌아보지 않을 때도 있다.

◆ 실력주의라는 저주

완전 '실력주의'니 '성과주의'니 하는 건 어떻게 보면 저주다. 실제로는 존재하지 않는 것에 많은 사람이 얽매이는 것이다.

실력이라는 것이 단지 실용 가치에 한정된 것은 아니다.

보증 가치나 공감 가치도 훌륭한 가치, 즉 실력이다.

가치를 전혀 발휘하지 못하는 사람을 연고나 연줄로 채용하는 일이 만연했던 과거의 인사 시스템에서는 실용 가치가 중심이 되었다. 하지만, 일본의 버블 경제가 붕괴된 후, 일본 기업도 과거의 낡은 인사 시스템^(연고나 연줄로 채용)의 부작용을 깨달은 후 고쳐나가고 있다. 기업의 가치관에 따른 행동과 태도를 평가하는 가치 평가가 바로 그 예다.

채용할 사람의 연줄이 일을 가져다주는 만큼 윤리적인 문제를 눈감으면 연줄로 채용된 사람에게도 기업에게도 어떤 의미에선 가치가 있었던 셈이다.

여러분 자신이 구입하는 상품의 다양한 가치를 인정하듯이, 기업도 여러분의 다양한 가치를 인정하기 시작했다. '인재의 가치는 실용 가치'라는 저주에서 벗어나지 못하고 있는 건 사실은 기업이 아니라 여러분 자신일지도 모른다.

실적을 추구하는 영업 담당자라도 공격적으로 업무를 추진해 단기적 숫자를 올리는 것만이 조직을 위한 기여가 아니다.

실용 가치 외의 가치가 실제로 여러분이 속한 조직에서 어떻게 평가될지는 확실하지 않다. 그러나 '**왜 저 사람이 인정을 받지?**'라는 불만을 품었다면 그런 생각을 가진 여러분 자신이 **실용 가치라는 척도로만 동료나 상사를 바라보고 있었는지도** 모른다.

그런 사람이 인정받고 있다는 사실은, 다른 관점으로 보면 **여러분의 조직에는 실용 가치 외에도 다른 평가기준이 있다는** 말이 된다. 다른 가치로 관점을 옮겨 보면 그 사람이 인정받는 이유가 보일 수도 있다.

'일은 하지 않고 회식만 하는 상사'는 사실 나에게 '어쨌든 슈고했다!'라는 메시지를 보낸 그 세 번째 유형의 영업 담당자일지도 모른다.

그런 깨달음을 얻으면 **자신의 가치도 훨씬 넓은 시야로 바라보고 좀 더 연마할 수 있게 된다.**

그런 가치를 인정해 줄 조직이라는 관점에서 이직할 곳을 생각하면, 막막하게 느껴졌던 커리어에 빛이 비칠지도 모른다.

가치의 사분면을 머릿속에 넣고 이야기를 들으러 가야 할 상대는 바로 여러분 자신이다.

나는 누군가를 판단할 때, 나의 주의와 주장이 아닌 상대방의 주의와 주장
에 따라 판단하려고 한다.

—마틴 루서 킹 목사

> ▶ **마케터처럼 POINT · 32**
> 자기 자신과 동료의 인재 가치도 사분면을 이용해 다양한 관점에서 평
> 가한다.

상대방이 중시하는 가치를 알다

〈가치를 정의한다〉에서 배운 지식은 긴 안목으로 본 자기의
커리어는 물론이고 **직장이나 가정에서 일상적으로 나누는 커
뮤니케이션**에도 응용할 수 있다. 지금부터는 그런 사례를 하나
살펴보겠다.

'데이터 분석은 잘하지만 팀을 이끄는 능력은 좀 서툰' 젊은
사업담당자가 되었다고 생각하며 다음 대사를 읽어보자. 회사
의 중요한 프로젝트의 리더로 발탁되었다는 상황이다.

《상사1》

이 프로젝트는 앞으로 10년을 점치는 중요한 일이야. **평가의 가점
도 커.** 그리고 분석력은 물론이고 팀을 이끄는 힘이 필요하다는
점에서 보면 자네의 미래를 위해서도 **꼭 필요한 일이야.**

《상사 2》

이 프로젝트는 데이터 분석이 관건이야. 분석력에서는 누구도 자네를 당해낼 수 없어. 자네를 대신할 사람이 없어. 부탁할게, 도와줘. 팀을 이끌기는 힘들지 모르지만 자네라면 분명 잘할 거야.

어느 상사의 말이 마음에 더 와닿는가? 물론 사람마다 다르겠지만 나는 단연 《상사 2》다.

관리직을 상대로 한 교육에서 자주 이 이야기를 하는데, 어느 쪽이 와닿는지 물으면 **대부분이 《상사 2》를 선택한다.** 나의 개인적인 통계로 보면 합리적인 생각을 하는 사람이라도, 오히려 그런 사람일수록 《상사 2》의 접근 방식을 지지하는 경향이 있다.

그런데 이때 《상사 2》의 말에 마음이 움직인 사람들은 감정에 이끌려 이성을 잃은 것일까?

그렇지 않다. 《상사 2》의 말에서 기능적 가치가 아닌 **또 다른 가치를 찾아냈던 것이다.**

◆ **필요한 존재로 여겨진다는 것의 가치**

《상사 1》의 표현에서 강조하고 있는 가치는 평가와 성장이라는 **기능적 가치**다.

이와 달리《상사 2》는 **정서적 가치**를 말하고 있다.

먼저 분석의 일인자로 인정받는 건 프로젝트에 참여하는 일이 가져오는 **평판 가치**라고 볼 수 있다.

또한 '부탁할게, 도와줘'라며 누군가가 자신을 의지하고 필요로 한다면, 대부분의 사람은 '자기 안에서 의미가 있는 일'이라고 느끼지 않을까? 이것은 바로 **공감 가치**다.

이용되고 의존되는 존재라는 것과 필요한 존재로 여겨진다는 건 매우 다르다.

누구라도 상관은 없지만 우연히 근처에 있던 '나'^(이용), 달리 의지할 수 있는 사람이 없어서 '나'^(의존)였던 것이 아니라, 많은 사람 중에서 다름 아닌 '나'^(필요)를 믿고 부탁하면 '그렇다면 해야지!'라며 발 벗고 나서고 싶어지는 것이 인지상정이다.《상사 2》는 이 부분을 제대로 간파한 상태에서 이 리더를 확실히 믿고 있다.

물론 평가가 가져오는 급여 인상과 승진은 굉장히 중요하다. 아무리 기대를 받아봤자 그 기대만으로 먹고 살 수는 없다. 필요충분하고 공평한 수입의 보장이, 사람이 의욕을 가지고 일할 수 있게 만드는 대전제다.

그러나 급여 인상과 승진으로 기여에 대한 보상을 받을 수 있는 기회는 일 년에 몇 번이다. 또 모두에게 만족할만한 급여

인상과 승진의 기회를 매번 제공하기는 어려울 것이다. 개인
으로서의 성장도 큰 보상이기는 하지만, 구체적으로 실감할
수 있는 기회는 승진보다 적을지도 모른다.

그렇다면 직장에서 매일 이루어지는 커뮤니케이션에서 바
탕이 되는 보상은 그러한 기능적 가치가 아니라 **'믿고 의지하
는 것', '평판이나 명예를 만들어내는 것'과 같은 정서적 가치가**
아닐까?

《상사 2》의 말이 많은 사람에게 와닿는 이유는 **《상사 2》는
그러한 가치의 성립을 잘 이해하고 있기** 때문이다.

가치의 프레임워크를 이해하면, 지금까지 사람의 마음속
에 감추어져 있던 가치들이 보이게 된다. 여기에서는 상사와
부하의 관계를 예로 들었는데, 이는 부모와 자식을 포함한 모
든 인간관계에 응용할 수 있다.

가치의 프레임워크를 일상의 대화에 응용해 보면 당신의 커
뮤니케이션은 훨씬 다채로워질 것이다.

> ▶ **마케터처럼 POINT · 33**
> 모든 커뮤니케이션에서 가치의 프레임워크를 의식한다.

잡담으로 상대방이 중시하는 가치를 알아낸다

◆ 잡담은 마케팅 리서치다

이러한 커뮤니케이션을 하려면 무엇보다 STEP 2에서 정리한 **가치의 프레임워크를 파악해 둘 필요**가 있다.

그러나 그것만으로는 부족하다. 그런 다양한 가치 중에서 **상대방에게 무엇이 가장 중요한지를 알아내는 능력**도 빼놓을 수 없다.

나는 영업 전문가는 아니지만 이른바 광고주의 경험이 오래된 덕분에 광고 영업의 상대가 될 기회는 남들보다 많을 것이다. 그런 입장에서 잘 관찰해 보면 뛰어난 영업 담당자에게는 공통점이 있다는 사실을 알 수 있다.

그건 바로 **잡담을 중요하게 생각한다**는 점이다.

물론 마냥 잡담만 하는 건 아니다. 영업 담당자들은 **잡담하는 동안 고객들이 무엇을 중요하게 생각하는지를 은밀하게 살피고 있는 것**이다.

대부분은 자기가 무엇을 추구하는지를 말로 표현하지 못하고, 애당초 자각조차 하지 못하는 경우도 적지 않다. 자각하고 있고 말로 표현할 수도 있지만 말하고 싶어 하지 않기도 한다.

마케팅 리서치의 하나인 고객 인터뷰에서는 커뮤니케이션

능력을 충분히 활용해 말투, 몸짓, 표정에서 그 힌트를 찾아내는데, 그때 중요한 건 **상대가 편안한 상태여야 한다는 점**이다.

상대가 편안한 상태라면 진심을 끌어내기가 훨씬 쉬워진다. 그러한 이유로 소비재 기업에서는 소비자의 집에 방문하는 '홈 비지트'를 자주 진행하기도 한다.

영업 담당자가 상대의 집으로 방문하는 목적은 기본적으로는 예의니 뭐니 하는 것이 아니라 상대를 편안하게 해주기 위한 배려가 아닐까? 그리고 그 상태에서 상대를 더 편안하게 해주기 위한 비장의 무기가 '잡담'이다.

즉, **잡담이란 일종의 고객 인터뷰라고 할 수 있다.**

훌륭한 마케터는 가치가 어떻게 이루어지는지를 잘 알고 있고, 그런 지식을 바탕으로 상대방이 추구하는 가치를 찾는 대화의 기술도 뛰어나다. 지식과 달리 기술을 익히려면 오로지 실천을 반복하는 수밖에 없다. 고객 인터뷰는 바로 그 실천 장소인데 그런 기회가 없다고 해도 걱정할 필요는 없다.

고객이나 상사, 부하직원 혹은 다른 부서의 동료와 나누는 잡담은 당신이 마음먹기에 따라 고객 인터뷰로 바뀔 수 있다.

내가 최고로 편안하면 게스트도 최고로 편안해 한다. 이것이 최고의 인터뷰를 만든다.

- 래리 킹(미국의 사회자, 토크의 제왕)

◆ **잡담을 고객 인터뷰로 이용해 본다**

그런 고객 인터뷰의 실천 사례를 하나 소개하겠다.

도서 프로모션에는 '38광고'라는 신문 광고가 자주 이용된다. 신문 한 면을 세 단으로 나누고 마지막 세 번째 단을 가로로 8등분 한 광고다.

예전에는 효과가 아주 좋아서 대형출판사들이 그 신문 광고를 내려고 치열하게 경쟁한 시기도 있었다고 한다. 그런데 지금은 신문 자체의 발행 부수가 감소하고 있어서 예전만큼의 효과는 기대할 수 없을 것이다. 전에 내 책의 출판을 맡았던 도서 담당자에게 물어보니 "솔직히 효과는 별로 없어요. 그냥 요행을 바라는 거예요."라며 농담조로 말했다.

원래 신문 광고로는 그 효과를 측정할 수 없기에 좋든 싫든 추측할 수밖에 없다.

한편 디지털 광고는 더 적은 액수로 내보낼 수 있고, 발췌문을 세분화해서 내보낼 수도 있으며, 동시에 그 효과의 정도를 가시화할 수 있다. 그래서 도서 담당자에게 저자가 아닌 한 명의 마케터로서 디지털 광고를 권해 봤는데 쉽게 승낙해 주지 않았다.

그러던 어느 날, 지극히 개인적인 관심에서 디지털 광고의 영업 담당자가 되었다는 마음으로 영업 활동 시뮬레이션을 해 봤다.

디지털 광고가 신문 광고보다 못한 점이 있다면 그 이유를 알아내고 싶었다. 신문 광고를 선호하는 이유와 디지털 광고를 선호하지 않는 이유를 탐색했다. 실용 가치로 보면 디지털 광고가 분명히 유리하다. 그러므로 직접 물어봐서는 대답을 끌어내기 어려운 다른 가치에 그 이유가 있다고 생각했다. 그렇다면 남은 방법은 '잡담' 뿐이다.

고객 인터뷰의 기본은 고객이 기분 좋게 자기 이야기를 할 수 있도록 좋은 청취자가 되는 것이다. 인터뷰 진행자가 자기 말만 하는 건 언어도단이다. 상대방에게 흥미를 보이고 그 이야기에 큰 가치를 느끼고 있음을 표정과 말투로 전달한다.

잡담을 고객 인터뷰로 이용하기 위한 비결도 이와 같다.

"○○씨는 지금까지 신문 광고를 몇 편 정도 만들어 보셨어요?"

"대단하네요. 제일 유명한 거는 뭐예요?"

이렇게 화제를 던짐으로써 이제까지의 무용담이나 좋았던 일을 말하게 하는 방법이다. 그런 이야기 속에서 이 담당자가 신문 광고의 무엇에 가치를 느끼는지, 반대로 디지털 광고의 어떤 점에 우려를 느끼는지 살핀다.

잡담을 통해 다음과 같은 사실을 알게 되었다.

먼저 디지털 광고에 대한 우려다. 디지털 광고의 한 가지 단점은 언제 어디에서 등장할지 모른다는 점이다. 극단적인 경우, 포르노 사이트나 범죄 관련 사이트에 광고가 나올 수도 있다. 그렇게 되면 그 도서나 저자, 출판사의 평판에 흠이 생긴다.

신문은 그러한 위험이 가장 낮은 매체라고 할 수 있다. **보증가치가 탁월**하다. 이것은 어떻게 보면 신용 장사인 출판사 입장에서는 매우 중요한 부분이다.

또 광고가 언제 나올지 알 수 없다면 담당자도 저자도 그 광고를 확인할 수 없다. 담당자는 "○○에 광고가 나왔어요."라는 보고로 관계자를 들뜨게 할 수 없다. 저자는 "내 책의 광고가 ○○에 나왔어."라며 SNS에서 친구나 가족에게 자랑할 수도 없다. 이런 점에서 **권위 있는 신문에 나오는 광고는 담당자나 저자에게 큰 의미가 있는 것 같다.** 그게 바로 **평판 가치**이자 **공감 가치**다.

도서 담당자는 이러한 신문 광고의 장점을 알게 모르게 느끼고 있었던 것 같지만 그 가치를 말로는 표현하지 못했던 것이다. 그 때문에 '요행을 바라는 것이다'라고 자조하면서도 신문 광고를 그만두고 디지털 광고로 옮겨가지 않았던 것이다. 바로 이러한 것들을 밝혀내는 데 있어 잡담은 강력한 무기가 된다.

내가 실제로 디지털 광고의 영업 담당자라면, 이 같은 발견을 즉시 광고 상품의 개발 담당자에게 피드백할 것이다. 위험

부담이 없고 권위 있는 사이트에만 광고가 나오고, 또한 광고가 나오는 화면을 캡처해서 담당자에게 보낼 수 있는 광고 상품을 만들면 좋겠다는 식으로 말이다.

그런 디지털 광고가 개발된다면 얼마나 좋을까. 이 도서 담당자가 디지털 광고를 이용해줄 뿐 아니라 다른 출판사로도 확대될 가능성이 높을 테니까.

> 누군가와 이야기할 때는 상대방과 관련된 일을 화제로 삼아라. 그렇게 하면 상대방은 몇 시간이고 이쪽의 이야기를 들어준다.
> - 벤저민 디즈레일리(영국의 정치가, 소설가, 전 수상)

◆ 상대방을 잘 몰라서 비로소 생기는 지혜

이처럼 일이나 일상의 장면으로 바꿔 놓고 보면, **상대방이 추구하는 가치를 알 수 있다는 것은 사람의 마음을 알 수 있다는 것**임을 보여주고 있다.

그러나 안 하느니만 못한 이야기지만, 사람의 마음이란 사실은 누구도 알 수 없다.

우리 부모님조차도 지금 내가 무슨 생각을 하며 살고 있는지, 무슨 생각을 하며 이 책을 쓰고 있는지 분명 상상도 하지 못할 것이다. 사람이 살아가며 성장하는 이상 마음도 날마다 모양을 바꾼다는 이야기도 있다.

오히려 **마케팅은 사람의 마음을 알 수 없다는 전제에 입각한 지혜**다.

사람의 마음을 알 수 있다는 건 타고난 특성이라고 생각하기 쉽다. 물론 그러한 면도 있겠지만, 그렇다면 사람의 마음을 아는 사람은 자기의 가족 · 친구 · 연인의 마음을 얼마나 알고 있을까?

사람의 마음을 안다는 건 누구에게나 매우 어려운 일이다. **그렇기 때문에 인류는 지금까지 기업과 상인이 총출동해 마케팅이라는 뛰어난 지혜를 축적해 온 것이다.**

개인을 상대하든 집단과 대중을 상대하든, 사람의 마음을 저절로 알 수 있는 천재는 분명히 있다. 이른바 히트 제조기란 그런 사람임이 분명하다. 자기 자신이 그렇다고 믿는 사람은 이번 단계는 필요 없을지도 모른다.

하지만 설령 그게 아니라도 절망할 필요는 없다. 우리에게는 **사람의 마음을 알기 위한 마케팅이라는 인류의 뛰어난 지혜가 있으니까.**

> ▶ **마케터처럼 POINT · 34**
> 잡담을 상대를 깊이 알기 위한 고객 인터뷰로 이용한다.

TRY
가치를 정의한다

일
-

- 당신 회사의 상품과 서비스는 가치의 사분면 중 어느 가치를 제공하고 있는지를 생각해 보라.

커리어
-

- 당신 자신이 회사에 제공하고 있는 가치를 가치의 사분면으로 분석해 보라.

개인의 삶
-

- 가족이나 친구에게 부탁할 때 가치의 사분면을 의식해 보라.

가치를 만든다

- 내가 해야 할 일을 알 수 있다

왜 가치를 만드는가?

가치의 레시피를 기억한다

STEP 2에서 설명한 가치의 정의는 마케팅의 심장부다.

그러나 아무리 가치를 잘 정의한다 해도 그것만으로는 아무 의미가 없다. **그 가치를 실제로 만들지 않으면 말 그대로 '그림의 떡'으로 끝나기 때문이다.** 그림의 떡만으로는 아무에게도 도움이 되지 않는다.

시장의 정의에서는 대상 집단을 설정했다. 가치의 정의에서는 상대방이 무엇을 가치로 여기는지, 그리고 상대방이 어떤 가치를 추구하는지를 밝혔다.

그렇다면 **밝혀낸 가치를 상대방에게 제공하기 위해서는 대**

체 어떤 상품, 서비스, 콘텐츠를 만들면 좋을까?

예를 들어 유튜버를 시작한다고 가정하자. 구체적으로 어떤 동영상을 만들면 좋을까? 어떤 코너를 준비할까? 어떤 세트나 의상을 준비할까? 채널 제목을 무엇으로 할까? 시간은 몇 분 정도가 좋을까? 등등, 결정해야 할 것은 무수히 많다.

그러한 것들을 결정해 가기 위해서는 먼저 **어떤 요소가 어떤 가치로 연결되어 있는지**를 이해할 필요가 있다. 기능적 가치는 어떻게든 생각해낼 수 있을 것 같지만 정서적 가치는 어떻게 만들어야 좋을지 좀처럼 상상하기 어려울 것이다.

달고 감칠맛이 나면서 입에 닿는 느낌이 좋은 푸딩을 만들고 싶더라도, 재료나 필요한 조리기구, 그리고 조리 순서를 적은 레시피를 모르면 제대로 된 푸딩을 만들 수 없다.

가치를 만드는 것도 마찬가지다. **상대방이 필요로 하는 가치를 실현하기 위해서는 그러한 가치를 만들기 위한 레시피를 알아야 한다.**

◆ 가치 요리에는 상대방의 시식이 필요하다

미각은 사람마다 다르다. 하지만 누군가에게는 달지만 누군가에게는 맵거나, 누군가에게는 짜지만 누군가에게는 아무 맛도 안 나거나 하는 일은 거의 없다.

한편 **가치관은 미각과는 비교할 수 없을 정도로 다양**하다.

목각인형에 수십만 원씩 쓰는 사람도 있고, 똑같은 아이돌 CD를 100장이나 사는 사람도 있다. 이러한 소비 행동의 선택은 그 가치를 모르는 사람 입장에서 보면 의미가 없는 일일 수도 있다.

따라서 지금부터 소개할 가치 레시피는 원재료와 조리도구 정도만 적혀 있는 대충 만든 레시피다. '평판 가치를 만들기 위해서는 '패키지'의 이 부분을 사용한다, 공감 가치를 만들기 위해서는 '주장'의 이 부분을 사용한다'라는 식이다(여기에서 말하는 패키지와 주장이 무엇인지는 나중에 다시 설명하겠다).

이 가치들을 구체적으로 어떻게 조리할지는 **조리사인 자신이 아니라 상대방이 맛을 보게 하면서 결정한다.**

즉, 마케터는 여기에서도 상대방과의 대화를 멈추지 않은 채 상품이나 서비스를 만들어야 한다.

> ▶ **마케터처럼 POINT · 35**
> 가치의 레시피를 알고 상대방과의 대화를 통해 가치를 만들어간다.

GAFA(구글, 애플, 페이스북, 아마존)의 강점은 가치를 만드는 힘에 있다

상대방과의 대화는 **상품이나 서비스를 만들어낸 다음**에도 계속된다.

만족도에 관한 설문조사를 진행하기도 하고, 사용자 이벤트나 팬 이벤트를 기획해 더 잘할 수 있는 것과 개선했으면 하는 것을 듣기도 한다.

이 사고방식을 가장 철저하게 추구하고 있는 곳은 사실 **구글, 페이스북, 아마존 같은 거대한 인터넷 기업**들이다.

그런 기업에는 웹사이트나 앱에 남겨진 고객의 발자국을 분석하는 전문가가 있고, 사용하기 불편하다고 여겨지는 부분을 특정해 매일 같이 개선하고 있다.

우리 이용자들이 그 사실을 눈치채지 못하는 이유는 그 개선이 너무나 세밀한 데까지 미치고 있기 때문이다. 그 세밀함은 언뜻 광기로도 비유될 수 있다.

실제로 아마존은 그 행동 지침의 필두에 '고객·오브세션'을 내걸고 있다. 오브세션이란 '미친듯한 집착'을 의미한다. 미친 듯이 고객 관점으로 생각하라는 메시지가 강렬하지만 결코 빈말이 아니다.

잘 알려져 있듯이 구글도 페이스북도 아마존도 결코 검색엔진, SNS, e커머스의 원조가 아니다. 3사 모두에게 각 분야의 선구자가 있었다.

그럼에도 세 기업이 말 그대로 세계 최고가 될 수 있었던 것은 오로지 자체 기능과 편리한 사용을 위한 끊임없는 개선 때문이 아닐까? 그리고 그 끊임없는 개선은 상대방과의 대화를 통해서 이루어져 왔다.

구글이나 페이스북의 일본 지사 임원 중에는 P&G 같은 소비재 대기업 출신자가 적지 않다. 소비재의 마케터와 대형 IT 관련 기업이 잘 맞는 이유는 **그런 대화를 통한 상품 제작이 아주 비슷하기 때문**인 것 같다.

그럼 지금부터는 그런 가치의 레시피와 대화를 통한 상품 제작을 실제의 마케팅 실무 안에서 살펴보도록 하자.

가장 중요한 건 미친 듯이 고객에게 집중하는 일이다. 우리들의 목표는 이 지구상에서 가장 고객 중심의 회사가 되는 것이다.

- 제프 베이조스(아마존 창업자)

▶ **마케터처럼 POINT · 36**
대화를 통한 상품 제작은 GAFA(구글, 애플, 페이스북, 아마존)가 눈부신 발전을 한 비밀이기도 하다.

가치를 만드는 마케터의
사고와 기술

제조의 역할 분담

가치를 만든다는 관점에서 마케팅 실무를 이야기하기 전에, 이 과정에 관여하는 마케팅 부문과 기타 부문의 **역할 분담** 이야기를 잠시 하도록 하자.

어떤 회사에서는 상품 제작을 모두 연구개발 부문(R&D)이 하기도 한다. 그러한 기업에서 근무하는 사람은 마케팅이 어떻게 상품 제작에 관여하게 되는지 조금 상상하기 어려울 수 있다.

가치를 상품이나 서비스라는 형태로 만든다고 했을 때, 제조업체라면 공장에서의 제조를 떠올리는 사람이 있을지도 모르지만 그건 마케팅의 범주에 들어가지 않는다.

제조 과정에서 마케팅의 역할은, **공장으로 보내서 생산 혹은 양산하도록 하기 위한 '설계도'를 만드는 것**까지다.

지금까지 많은 국내 기업에서는 연구개발 부문이 이 설계도 작성을 담당해 왔다. 마케팅 부문은 주로 다음 과정인 가치 전달, 즉 광고(가치를 알린다)에 한정되어 있었다.

반면 미국이나 유럽의 소비재 기업에서는 예전부터 이 설계도 작성에 마케팅 부문이 깊이 관여해 왔다. 그리고 최근에는 국내에서도 이 미국이나 유럽형 구조로 바꾸는 기업이 늘어나고 있다.

이유는 **기능과 품질의 표준화**다. 가치로 따지면 **실용 가치**나 **보증 가치**의 이야기다.

요즘은 소비재든 가전이든 화장품이든 기본적인 기능은 모두 그만그만하고 어느 것이나 큰 차이는 없다. 실제로는 차이가 있다 하더라도, 마치 텔레비전 리모컨 뚜껑 밑에 숨겨져 있는 버튼처럼 이용자가 그다지 신경 쓰지 않는 그런 차이에 불과하다.

오늘날 다양한 상품의 범주에서, **승부의 갈림길은 '기능과 품질'에서 '주장과 외관**(패키지)**'으로 옮겨왔다.** 가치로 따지면 **평판 가치**나 **공감 가치**의 세계다.

그러한 가치는 연구개발 실험실이 아닌 고객에게 깊게 뿌리 내리고 있다. 그런 이유에서 고객 이해의 전문가인 마케터가 상품개발에 깊이 관여하게 되었다.

테크놀로지의 진화가 빠른 IT계의 상품에서는 기능 및 품질도 여전히 중요하다. 하지만 진화가 빠르기에 새로운 기술과 기능의 후보들은 항상 무수히 존재한다.

반면 개발자의 인건비 급등으로 개발비는 계속 증가하고 있다. 이를테면 스마트폰 게임의 개발비는 대형 작품이면 이제는 수백억 원에 달한다.

어떤 기능과 품질로 경쟁상대와 차별화할지는 실패가 용납되지 않는 사활이 걸린 문제다. 고객을 제대로 이해함으로써 실패를 피하고 싶은 기업은 이 부분에도 마케팅의 관점을 도입하고 있다.

그래서 현대의 상품 제조는 **마케팅과 연구개발의 공동 작업**으로 실시하게 된 것이다.

▶ **마케터처럼 POINT · 37**
상품개발을 마케팅과 연구개발의 공동 작업으로 진행하는 기업이 늘었다.

<가치를 정의한다>와 <가치를 만든다>의 관계

상품 제조에는 가치를 정의한다는 개념과 가치를 만든다는 개념이 섞여 있어 조금 복잡한데, 두 개념의 관계성을 정리하면 표 3과 같다.

기능적 가치를 실제 형태로 만드는 쪽은 연구개발 부문이지만 **정서적 가치는 정의하는 것도 만들어내는 것도 마케팅 부문**이 이끌어 간다.

<표3> 상품개발에서 연구개발과 마케팅의 관계

	상품·서비스에 고객이 무엇을 추구하고 있는지에 대한 이해 (가치를 정의한다)	상품·서비스의 구체적인 설계 (가치를 만든다)
기능적 가치 (실용 가치·보증 가치)	연구개발&마케팅	연구개발
정서적 가치 (평판 가치·공감 가치)	마케팅	마케팅

◆ **상품은 기능 및 품질, 주장, 외관(패키지)의 집합체**

조금 전부터 기능 및 품질, 주장, 외관(패키지)이라는 말을 사용하고 있는데, 이 책에서는 **상품을 이 세 가지 요소로 나누어** 생각하고 있다.

이것은 다음의 '마케팅 6P'를 참고로 한 개념이다.

- **P**rice : 가격
- **P**roposition : 주장
- **P**roduct : 기능 및 품질
- **P**ack: 외관(패키지)
- **P**lace : 판로
- **P**romotion : 광고

마케팅 6P는 마케팅 4P의 프로덕트 부분을 **프로포지션, 프로덕트, 팩 세 가지로 나눈 개념이다.**

먼저 프로포지션(주장)**과 프로덕트**(기능 및 품질)**의 차이를** 구체적인 예를 들어 설명하겠다.

최근 도쿄 가구라자카에 '혼자 들어가는 개인 사우나실'이 생겼다. 개인적으로도 사우나를 좋아하는데 이건 아주 좋은 서비스인 것 같다.

한편 시즈오카에 '사우나 시키지'라는 곳이 있다. 이곳은 사우나의 성지로 불리는데 전국의 사우나 애호가들이 순례하러 올 정도다. 사우나 말고는 특별한 것이 아무것도 없지만, 여하튼 사우나의 질이 매우 높다.

개인 사우나실도 사우나 시키지도 모두 좋은 서비스를 제공하지만 장점의 기준이 다르다. 사우나 시키지의 장점이 순수한 **품질**인 데 비해 개인 사우나실의 장점은 **제안 방식**이다.

이처럼 상품의 장점이 되는 기준에는 기능과 품질 외에 제안 방식도 있다는 점에서, 6P에서는 프로덕트(기능 및 품질)와는 별도로 제안 방식이라는 요소를 따로 떼어 생각한다. 이것이 **프로포지션**이다.

프로포지션에는 명제나 제안 등 여러 가지 뜻이 있지만, 이 책에서는 '주장'이라고 표현했다.

무엇보다 주장의 가장 큰 특징은 형태가 없는 개념이므로 주장만으로는 가치를 창조할 수 없다는 것이다. '주장'은 '기능 및 품질'이나 뒤에서 설명할 '외관(패키지)', 또는 주장을 뒷받침하는 '활동'이 더해졌을 때 가치가 구체화된다. 그런 의미에서 주장은 기능 및 품질이나 외관(패키지)과 반드시 동등한 개념은 아니라는 사실에 주의해야 한다.

외관(패키지)은 상품을 감싸는 겉으로 보이는 모든 것을 의미한다.

예컨대 샴푸를 머릿속에 떠올렸을 때 색깔이 하얗고 걸쭉한 느낌의 샴푸 내용물부터 떠올리는 사람이 있을까? 그렇다라고 대답한 사람은 아마 제조업체의 연구개발 담당자일 것이다.

보통의 소비자라면, '샴푸'라는 말을 들었을 때 그 내용물이 아니라 매장이나 광고에서 볼 수 있는 패키지를 떠올릴 것이다. 즉, **외관**(패키지)**이 바로 상품**이라고 할 수 있다.

좋은 샴푸의 내용물을 만들 때와 좋은 샴푸의 패키지를 만들 때는 사용하는 머리도 필요한 지식도 전혀 다르다. 그 때문에 6P에서는 이 두 가지를 기능 및 품질(프로덕트)과 외관(패키지)으로 나누어 생각한다.

바로 이 **기능 및 품질, 주장, 외관**(패키지) **세 가지가 가치를 낳는 원재료**다.

◆ **세 가지 원재료를 조합하여 정의한 가치를 만든다**

〈STEP 2. 가치를 정의한다〉에서 결정한 가치는 이 세 가지 원재료를 적절하게 조합해 실현할 수 있다(표 4).

'기능 및 품질'은 실용 가치와 보증 가치를 만든다.

'주장'은 평판 가치와 공감 가치의 토대가 된다. 예를 들어 '쓸모없는 부분을 없애고, 제품 본연의 기능을 철저히 추구한 상품'이라고 하는 주장은 실용 가치와 보증 가치의 토대가 될 수도 있다.

'**외관**^(패키지)'은 주로 **평판 가치**를 구현하지만, 주장을 구체화
해 **공감 가치**도 아울러 뒷받침할 때가 있다.

이 부분에 대한 설명은 추상적이라 이해하기 어려울 수 있
으니 나중에 구체적인 예를 들어 설명하겠다.

또 이 책에서 다루기에는 너무 전문적인 이야기라서 그저
여담처럼 하는 얘긴데, 외관^(패키지)은 실용 가치와 보증 가치에
도 밀접한 관련이 있는 중요한 요소다.

예를 들어 달리면서 입으로 열고 닫을 수 있는 스포츠음료
의 뚜껑은 실용 가치가 외관으로 실현된 예다. 샴푸 같은 제품
의 외관은 내용물의 품질을 떨어뜨리지 않고 오래 보존할 수
있도록 만들어져 있는데, 이는 보증 가치를 실현하고 있다고
볼 수 있다.

<표4> 가치의 레시피

	실용 가치	보증 가치	평판 가치	공감 가치
기능 및 품질	O	O		
주장	(O)	(O)	O	O
외관(패키지)	(O)	(O)	O	(O)

기능적 가치를 실현하는 '기능 및 품질'은 마케팅 부문이 연

구개발 부문과 함께 가치의 정의를 시행하지만, 가치를 만드는 과정은 연구개발 부문이 주도한다(표 5).

예를 들어 '모발 상태가 잘 유지되고 헤어 스타일링제를 깨끗이 씻어내는 남성용 샴푸'라는 가치를 마케팅이 정의하고, 그 가치를 실현하기 위한 처방(원료의 배합)을 연구개발이 담당하는 협력 플레이다.

<표5> 가치의 원재료와 각 단계의 담당 부문

	상품 및 서비스에 고객이 무엇을 추구하고 있는지를 이해 (가치를 정의한다)	가치의 원재료와 각 단계의 담당 부문 (가치를 만든다)
기능적 가치 → '기능 및 품질'	연구개발&마케팅	연구개발
정서적 가치 → '주장' 및 '외관(패키지)'	마케팅	마케팅

한편 주로 정서적 가치를 담당하는 주장과 외관(패키지)은, 가치를 정의하는 단계부터 가치를 만드는 과정까지 마케팅이 쭉 주도하게 된다(다만 예외도 많다).

> ▶ 마케터처럼 POINT · 38
> 기능 및 품질, 주장, 외관(패키지)의 조합으로 가치를 만들어낸다.

마케터처럼 ──── 살아라

콘셉트(Concept)를 만든다

지금까지 가치를 만들어내는 원재료인 기능 및 품질, 주장, 외관(패키지)을 설명했다. 이제 드디어 **이 요소들을 어떻게 조합해야 원하는 가치를 실현할 수 있을지**를 생각해 보자.

상품이나 서비스를 개발할 때는 먼저 **콘셉트**를 만든다. 여기에서 말하는 콘셉트란 **사내 개발 콘셉트, 즉 상품의 기획서**로 광고의 캐치프레이즈처럼 고객을 대상으로 사용하는 것과는 다르다.

콘셉트에는 상품과 서비스의 기능 및 품질, 주장, 외관(패키지)을 각각 어떻게 할지 기록한다. 어떤 가치를 제공할지는 가치의 정의에서 결정했으므로, **이 가치들을 실현하기 위해 기능 및 품질, 주장, 외관(패키지)을 각각 어떤 형태로 만들지** 세부적으로 결정하는 것이다.

◆ **<이·로·하·스>의 콘셉트를 해부한다**

상품이나 서비스의 콘셉트, 즉 상품의 기획서는 포맷을 포함해 독자적인 노하우이자 기업 비밀이므로 들여다볼 수는 없다.

하지만 **이미 세상에 나와 있는 사실을 관찰하고 분석해 기획서의 내용을 역산할 수는 있다.** 이러한 연습은 마케팅 세계에서는 일반적이다.

여기에서는 일본 코카콜라가 판매하고 있는 생수 〈이·로·하·스〉의 콘셉트를 해부해 보자.

실용 가치와 보증 가치는 기능 및 품질로 실현된다.

이러한 의미에서 보는 〈이·로·하·스〉의 가치는, '갈증을 해소하고 미네랄을 보충할 수 있는 물' '엄격한 품질관리로 보증되는 안전성' 정도일 것이다. 그러나 이것만이라면 그 밖의 무수히 많은 생수와의 차이를 만들어낼 수 없다.

이때 **주장과 외관**^(패키지)이 등장한다. **주장과 외관**^(패키지)**은 평판 가치와 공감 가치라는 정서적 가치를 만드는 중요한 요소다.**

홈페이지에도 직접적으로는 쓰여 있지 않지만, 〈이·로·하·스〉의 주장은 '^(원래는 환경에 좋지 않은 페트병 제품이지만) 친환경적인 물'이 아닐까 생각한다.

여기에서 말하는 주장은 개발 콘셉트, 즉 상품기획서의 표현을 상상한 것이다. 기획서의 주장과 실제 광고 캐치프레이즈는 다를 때가 있는데, 이런 상황은 What to Say^(무엇을 말할까?)와 How to Say^(어떻게 말할까?)의 차이로 생긴다. 이 부분은 PART 1의 CHAPTER 2에서 설명한 대로지만 다음 STEP 4에서도 복습하게 될 것이다.

이러한 주장을 내세우면, 이용자는 '자신이 소중히 여기는

가치관, 즉 친환경'을 지키고 있다는 정신적 만족감을 얻을 수 있다. 바로 **공감 가치**다

마케팅에서는 자선단체에 기부하는 것도 가치의 교환이다. 기부를 하는 사람은(다른 사람에게 알리지 않는 한) 100% 순수하게 이 정신적 만족감과 돈을 교환하고 있다. 물리적으로는 아무런 대가가 없는데도 돈을 내는 '기부'라는 행위 뒤에 있는 심리를 생각해 보면, 공감 가치가 갖는 힘을 잘 이해할 수 있을 것이다.

'에티컬(Ethical 윤리적인) 소비'라는 말이 있는데, 요즘에는 이런 정신적 만족감이 특히 젊은 세대 사이에서 중시되고 있다. 그런 의미에서 보면 **상품의 주장이 승부의 갈림길이 된다**는 경향이 앞으로 모든 상품에서 강화될 것이다.

이러한 **주장은, 물론 단지 내세우기만 해서는 안 된다.** 내세우기만 하고 실체가 없는 주장은 장기적으로 보면 반드시 무너질 것이고, 반짝 성공을 하더라도 그것은 사기가 되고 말 것이다.

〈이·로·하·스〉에서는 '100% 재활용되는 페트병', '전국 6곳의 수원지' 같은 표현 행위로 친환경이라는 주장을 뒷받침하고 있다.

주장은 기능 및 품질이나 외관(패키지), 혹은 〈이·로·하·스〉의 경우처럼 주장을 증명하는 표현 행위로 **구체화**해야 한다.

◆ **평판 가치는 어떻게 만들까?**

또 다른 정서적 가치도 분석해 보자. 친환경 소비라는 건 일종의 패션이 될 수도 있다. '지적이면서도 유행을 선도하는 사람'처럼 보이고 싶다는 마음으로 친환경 상품을 선택하는 사람도 적지 않을 것이다(사실 나도 그렇다).

도요타 프리우스는 배우 레오나르도 디카프리오가 애용하는 차로, 팬들에게 추천하면서 일약 유명해졌다. 그 밖에도 카메론 디아즈와 제시카 알바 같은 해외의 유명인사 중에는 친환경에 관심이 높은 사람이 많다.

그런 사람들의 영향으로 친환경 소비는 멋있는 일이라는 풍조가 생겨났다. 친환경이 패션이 된 셈이다.

주장을 행위로 증명하는 것뿐 아니라 외관(패키지)으로도 알기 쉽게 친환경을 표현하면 공감대가 훨씬 깊어질 것이다. 또한 사용자가 자기는 친환경에 관심이 있다고 어필할 수도 있고 나아가서는 주변 사람들에게 지적이고 유행을 선도하는 것처럼 보일 수 있다. 그야말로 또 다른 정서적 가치인 **'평판 가치'**를 만들어낼 수 있는 것이다.

더구나 여기에서 말하는 외관(패키지)에는 실제 상품의 외관, 즉 용기(좁은 의미의 패키지) 외에 **네이밍, 로고, VI**(Visual · Identity), **매장에서 잘 보이게 진열하는 방법**까지도 포함된다.

VI^(비주얼·아이덴티티)란, 그 상품과 관련된 광고 제작물의 디자인에 관한 가이드라인이다. "로고를 사용할 때의 규칙은 이렇습니다, 로고에 사용하는 녹색의 색감은 이런 느낌이에요, 글꼴은 이것을 이렇게 사용해 주세요."처럼 디자인에 관한 규칙이 자세하게 규정되어 있고 엄격하게 지켜진다.

〈이·로·하·스〉는 이 외관^(패키지) 설계가 굉장히 뛰어나다.

먼저 네이밍이 우수하다. '로하스^(LOHAS)'는 건강과 지속가능성^(친환경)을 소중히 여기는 라이프 스타일 용어로 유명하다. 그런데 표현은 좋지만 너무 강하게 내세우면 새로움이나 독창성이 부족한 인상을 줄 우려가 있다. 그래서 '로하스'라는 표현과 일본에 전해 내려오는 노래 제목인 '이로하우타'를 접목하여, 친환경의 이미지가 쉽게 떠오르는 친숙함과 강렬한 인상을 양립시켰다.

용기와 광고의 디자인도 한 번 보면 친환경이 딱 떠오르도록 녹색을 기초로 만들어졌다. 친환경을 떠올리게 할 뿐 아니라 심플하고 현대적이다. 패션으로 드러낼 수 있는 친환경도 잘 표현되어 있다.

> ▶ **마케터처럼 POINT · 39**
> 먼저 '콘셉트=기능 및 품질, 수상, 외관(패키싱)의 조합'을 만든다.

콘셉트를 검증한다

여기까지 〈이·로·하·스〉의 콘셉트, 즉 상품 기획서를 해부해 봤다. 이렇게 제삼자가 멋대로 분석하기는 쉽지만, 실제 상품 제조에는 상당한 시간이 걸린다.

왜냐하면 그 과정에 또 고객과의 대화가 있기 때문이다.

가치를 정의하는 과정에서 상대방과 대화를 나누며 정의한 가치는, 그 **가치를 만들어내는 과정에서도 상대방과 대화를 나누며 실현해 간다.**

◆ 콘셉트 테스트와 테스트 제품

콘셉트가 정해지면 콘셉트 테스트를 진행한다.

이 과정은 기능 및 품질, 주장, 외관(패키지)의 조합이 이전의 과정(가치를 정의한다)에서 정한 가치를 올바르게 실현하고 있는지에 대해 고객의 의견을 들으면서 확인해 나가는 작업이다.

구체적으로는 상품의 특징을 글이나 일러스트로 표현해 보여주고 어떻게 느끼는지 대답을 듣는 설문조사를 진행한다.

외관(패키지)은 구체적인 디자인 안을 여러 개 준비해 그 디자인을 실제로 보여주고 반응을 확인하는 조사를 하기도 한다. 디자인 안은 종이에 인쇄하는 경우도 있지만, 모형을 만들어 실제 크기의 느낌까지 확인받으면 훨씬 정확한 조사가 된다.

콘셉트 테스트를 거치고 상품개발이 진행되어 **테스트 제품이 완성되면, 그 제품을 사용해 보게 하고 품평을 듣는다.** 그래서 식품 제조업체에는 조리와 시식을 할 수 있는 테스트 키친이 있고, 헤어관리용품 제조업체에는 머리를 감을 수 있는 미용실 같은 장소가 있다. 외관의 완성도를 확인하기 위해 매장을 그대로 재현한 실험실에서 실제로 상품을 선택하게 하는 조사를 할 때도 있다.

그렇게 기능 및 품질, 주장, 외관(패키지)의 모든 것을 **매우 세밀한 데까지 조정하면서 최종적인 설계도에 반영한다.**

◆ **고객의 의견을 들으면서 상품을 개선한다**

상품을 출시하더라도 그걸로 끝이 아니다. 잘 팔리는 상품을 분석하고, 때로는 고객의 의견을 직접 들으면서 **상품을 개선해 간다.**

'테스트 마케팅'이라고 하여, 일부 지역에만 상품을 출시하고 그곳에서 얻은 반응을 토대로 개선 단계를 거친 다음, 전국에 출시하는 방법도 있다.

가치를 만들어내는 본질은 바로 이 상대방과의 대화에 있다.

기능 및 품질, 주장, 외관(패키지)은 모두 상대방이 추구하는 가치를 실현하기 위한 수단일 뿐이다. 그러한 **수단을 잘 이해한 다음, 상대방과의 대화를 통해 가치를 만들어내고 발전시켜 가는 일이 중요하다.**

마케터는 보통 공식적인 자리에 잘 나서지 않는다. 영업 담당자와는 달리 달변가가 아닐지도 모른다. 하지만 이렇게 상품을 매개로 매일매일 여러분과 소통하고 있다.

지금 주변에 있는, 여러분이 좋아하는 상품을 들고 한번 잘 들여다보라.

마케터의 목소리가 들리지 않는가?

지금까지 〈이·로·하·스〉의 콘셉트를 해부해 본 것처럼, 여러분도 꼭 그 상품에 깃든 마케터의 소리에 귀를 기울이고 마음에 드는 상품을 분석해 보기를 바란다.

▶ **마케터처럼 POINT · 40**
만들어낸 콘셉트는 상대방의 의견을 들으면서 조정해 간다.

가치를 만드는 사고방식을
일, 커리어, 인생에 활용한다

계획된 우연을 연출한다

커리어를 바탕으로 내가 누구에게(어느 시장에서), 어떻게 기여할지(어떤 가치를 제공할지)가 정해졌다면, 이번에는 그 **가치를 익히고 발전시켜야 한다.**

여기서 중요한 것은 자신의 인재 가치(커리어의 경우)를 만들어주는 실무경험이다. 그러나 대부분의 실무경험은 자기 혼자만의 생각으로 할 수 있는 것이 아니다.

따라서 자신의 가치는 상품이나 서비스의 가치처럼 능동적으로 만들어낼 수 없다. **가치를 만들어내는 사고방식을 자신의 커리어에 적용시키려면, 이 책에서 추구하는 사고방식을 또 하**

나의 사고방식과 결합해야 한다.

◆ '계획된 우연' 이론

'계획된 우연 이론(planned happenstance theory)**'**이 바로 그것이다.

스탠퍼드대학의 심리학자인 존 D. 크럼볼츠 교수가 제창한 이론으로, 성공한 사람의 커리어는 우연의 축적으로 형성되었다는 주장이다.

이 이론은, 커리어를 계획한다는 생각은 비현실적이기에 "실제로 대부분의 커리어 계획은 실현되지 않는다. 개인 커리어의 80%는 우연한 사건으로 정해진다. 그 **우연에 전력으로 대처하는 경험의 축적으로 보다 나은 커리어가 형성된다.**"라는 것에 초점을 맞추고 있다.

크럼볼츠 교수 자신이 고명한 학자이며 성공한 사람이라고 할 수 있지만, 그의 커리어는 '계획된 우연' 그 자체였다.

크럼볼츠 교수가 심리학을 전공하게 된 건 그의 테니스 코치가 심리학을 가르치고 있었기 때문이다. 그리고 애당초 그가 테니스를 시작한 건, 자전거를 타고 낯선 길을 달리다가 테니스를 치고 있는 어린아이를 봤는데 그 모습이 즐거워 보였기 때문이었다. 물론 크럼볼츠 교수가 '자전거를 타고 낯선 길을 달리는 일로 미래에 고명한 심리학자가 되겠다'라는 커리어 계획을 세웠던 건 아니다.

나도 이 이론을 지지한다.

내 주변에는 사업적으로 성공해서 부와 명예를 쌓은 사람들이 몇 명 있는데, **하나같이 "나는 운이 좋았어."라고 말한다.** 좋은 시기에 좋은 만남이나 기회가 운 좋게 주어져서 다른 생각없이 단지 그것들에 매진했더니 지금에 이르렀다는 것이다. 바로 우연의 축적인 셈이다.

하지만 그들은 단순히 운이 좋았던 게 아니다. 거기에는 단순한 우연을 커리어 향상의 기회로 바꾸는 어떠한 의식적인 작용이 있었을 것이다.

> 진로(career path)란 지금 어디를 향해 가고 있는지를 아는 것이지 반드시 최종적인 목적지를 알고 있는 건 아니다.
>
> -존 L. 헤네시 (스탠퍼드대학 명예학장, 구글 모회사 알파벳 회장)

◆ **일관성이 우연을 커리어 향상으로 이어준다**

그 **의식적인 작용**이란 무엇일까?

이를테면 스카웃 제의를 받는다, 부서이동의 의향이 있는지 묻는다, 평소에 관심이 있던 프로젝트의 멤버를 공모하고 있다 등등. 이런 일들은 확실히 우연이지만 **그 기회를 잡을지 말**

지는 내 의지로 선택할 수 있다.

이렇게 자기에게 어떤 카드가 주어질지는 분명 우연이다. 하지만 그중 한 장을 선택하는 건 어디까지나 자신의 의지다. 그리고 일을 하는 사람은 매일 어떤 형태로든 하나의 카드를 선택하고 있다고 해도 과언은 아니다.

우연을 커리어 향상의 기회로 바꾸려면, **그러한 카드를 일관성 있게 선택하는 것이 중요**하다. 그리고 그 일관성의 근거를 이제까지 보여준 '누구에게', '어떻게 기여할지'에서 찾는 것이 마케터처럼 자신의 가치를 만들어내는 방법이다.

어떤 카드를 선택해야 자신이 해야 할 기여가 더 커질 수 있을까? 어떤 카드를 선택하는 것이 기여로 이어지는 경험을 가져올까?

이렇게 계속 질문을 던지는 방법이 언제나 정답을 보장해주는 건 아니지만, **카드 선택에 있어서는 확실한 일관성을 가져다준다.**

결국 인생은 주어진 카드로 승부하는 수밖에 없다. '저 사람은 운이 좋은데 나는 늘 운이 나빠'라고 한탄만 해서는 어떤 기회도 얻을 수 없다.

이런 상황은 언뜻 보기에 혹독한 현실 같지만, 어떻게 보면 구원이기도 하다. 운이 좋고 나쁨에는 분명 개인차가 있지만,

주어진 카드로 승부해야 한다는 점에서는 누구나 평등하다. 그리고 중요한 점은 **주어진 카드 중 한 장을 선택하는 존재가 바로 우리 자신이라는 것이다.**

주어진 카드를 일관성 있게 선택함으로써 우연을 내 편으로 만들 수 있고, 다소 수동적이기는 하지만 자신의 커리어를 디자인할 수도 있다.

중요한 건 무엇이 수어졌는가가 아니라 주어진 것을 어떻게 사용할 것인가이다.

-알프레드 아들러 (『미움받을 용기』로 유명한 심리학자)

◆ **주어지는 카드의 다양성을 늘린다**

'누구에게' '어떻게 기여할 것인지'가 정해지기 전에는, **단순하게 '기여'만 생각해도 괜찮다. 망설여지면 조금이라도 많은 사람에게 기여할 수 있는 쪽을 선택하면 된다.**

젊은 사람들을 보면 성장이나 자기실현을 지나치게 의식한 나머지 오히려 성장하지 못하는 딜레마에 빠질 때가 많은 것 같다. 나는 이것을 '자기실현의 저주'라고 부른다.

업무에서의 성장은 실무 경험, 상사의 조언, 독서나 연수 같은 학습을 통해 이룰 수 있는데, 중요도의 비율을 보면 앞에서

부터 7 : 2 : 1 정도가 된다.

성장의 기회가 학습뿐이라면, 자기실현 의욕만 높은 사람이라도 얼마든지 그 기회를 얻을 수 있다.

그러나 **비중이 큰 일을 맡을 기회는 조직에 크게 기여한 사람에게만 주어진다.** 일할 기회가 적으면 상사의 조언을 받을 기회도 생기지 않을 것이다.

즉, 성장하고 싶다면 그 무엇보다 기여를 의식해야 한다.

그리고 이것은 또 하나의 중요한 사실을 시사한다. **기여를 의식하면 실무경험, 즉 주어지는 카드의 종류가 늘어난다**는 사실이다.

이렇게 우리는 마음가짐과 행동을 변화시킴으로써 주어지는 카드의 수와 질에 영향을 줄 수도 있다. 이것이 바로 우연을 커리어 향상의 기회로 만드는 또 하나의 요소이다.

> 나는 마이크로소프트에 들어와서 한 번도 '다른 일을 하고 싶다. 이 일은 나의 최선이 아니다.'라고 생각한 적이 없다. 1992년에 입사했을 때 했던 일도 세계에서 가장 멋진 일이고, 이 일이 마지막이 되어도 좋다고 생각했다.
> - 사티아 나델라(마이크로소프트 CEO)

> ▶ **마케터처럼 POINT · 41**
> 기여를 의식하며 주어지는 카드를 늘리고, 매일 내리는 결단의 근거에 일관성을 가짐으로써 커리어를 디자인한다.

마케터처럼 ─── 살아라

SNS는 나의 가치를 만드는 최고의 연습장

소셜 미디어에서 정보를 발신할 때는 **누구나 자신이 만든 콘텐츠의 상품개발 담당자**다. 여기에서는 이 점을 전제로 하여 콘텐츠의 가치를 어떻게 만들어낼지 그 과정을 함께 생각해 보자.

시장을 정의하는 과정에서 상대방을 결정하고, 가치를 정의하는 과정에서 상대방이 무엇을 추구하고 있는지를 파악했다면, 이제 드디어 실제로 콘텐츠를 창작할 차례다. 지금부터가 가치를 만드는 과정이다.

나의 경우를 예로 보자. 블로그 서비스인 〈note〉에서 인기 기사를 써볼 생각으로 시장의 정의와 가치의 정의를 다음과 같이 정했다.

- 시장의 정의: 30대 전후의 젊은 직장인
- 가치의 정의: 폭넓은 비즈니스에 도움이 되는 기초체력이 생긴다 & '비상승(≠상승)지향'이라는 가치관에 공감한다.

일단, 시장의 정의는 '자기계발에 흥미가 있는 직장인'처럼 **범위를 지나치게 좁히지 않도록** 신경을 썼다. 그리고 그에 맞추어 제공할 가치도 '폭넓은 비즈니스에 도움이 되는 기초체력이 생긴다'라고 넓게 설정했다. 또 기능적 가치와 더불어 **정서적 가치도 제공할 것**을 염두에 두었다.

자, 그럼 실제로 어떤 콘텐츠를 만들면 좋을까?

지금부터 기능 및 품질, 주장, 외관(패키지) 각각에 대해 생각해보자.

◆ **기능 및 품질**

먼저, 가치의 정의를 고민할 때 간단한 인터뷰를 했다.

인터뷰 상대는 내가 멘토로서 커리어 상담을 해주고 있는 30대 초반의 직장인이다. 공부를 열심히 하는 편인데, 이른바 '자기계발 마니아'라는 느낌이 아니라 업무도 개인의 삶도 균형 있게 충실히 하는 유형의 여성이다.

나의 강점을 살려 비즈니스 관련 기사를 쓴다는 전제로, 그 후배가 어떤 콘텐츠를 추구하고 있는지를 살펴봤다. 그 결과가 '폭넓은 비즈니스에 도움이 되는 기초체력이 생긴다.'라는 기능적 가치의 정의다.

자동차로 말하자면, '세계 최고 수준의 안전성'과 같은 개념적(형태가 없는) 가치를 실현하는 것은 '차선 이탈 방지 센서' 같은 물리적(형태가 있는) 기능이다.

블로그 기사 또한 형태가 없는 개념적 가치를 실현하기에 컨텐츠의 차이를 알기 어렵지만, 블로그 기사의 기능은 '폭넓은 비즈니스에 도움이 되는 기초체력'을 주제로 더 구체화한 것이다.

인터뷰를 통해 알게 된 것은, 이 후배가 정보수집 방법에 대해 고민하고 있다는 사실이다.

내가 사회에 첫발을 내디뎠던 20년 전에는, 회사 선배들이 "〈닛케이 신문〉을 읽지 않는 사람은 신뢰할 수 없어."라고 해서 황급히 구독을 시작하는 젊은 사원들이 많았다. '참 골치 아팠겠군!'이라고 느낄지도 모르지만, 어떻게 정보를 수집하면 좋을지는 별로 고민할 필요가 없었다고도 할 수 있다.

그런데 지금은 정보수집 수단이 세상에 넘쳐난다. 종이신문이나 비즈니스 도서는 말할 것도 없고, 아주아주 다양한 뉴스 앱이나 유튜브 같은 동영상 콘텐츠, 온라인 커뮤니티 등도 무수히 많다.

이런 수단 가운데 무엇을 선택해야 좋을지 고민하게 되는 건 어찌 보면 당연하다.

이런 관점에서, '폭넓은 비즈니스에 도움이 되는 기초체력'의 구체적인 내용의 하나로 **'정보 및 지식의 입력 방법'을 주제로 하면 많은 사람이 읽을 것이라는 가설**을 얻었다. 그래서 이

기사가 제공하는 기능을 '바쁜데도 꾸준히 지식을 쌓고 있는 그 사람의 정보수집 기술을 배울 수 있다'라고 설정했다.

◆ 주장

인터뷰한 상대가 하나의 정보수집 수단을 '이거다!'라고 정하지 못하는 또 하나의 배경으로는 지금 있는 건 하나같이 자기랑 안 맞는다고 생각하기 때문인 것 같았다. 왜냐하면 비즈니스 관련 뉴스 앱이나 온라인 커뮤니티를 보면, 출연자에게도 시청자에게도 강한 '상승지향'이 느껴지기 때문이다.

그리고 창업을 하고 싶은 것도, 출세를 하고 싶은 것도, 돈벌이를 하고 싶은 것도 아니다. 그렇지만 자신의 가능성을 넓히기 위한 지식은 꾸준히 배우고 싶다. 이런 생각을 가진 사람들은 기존의 비즈니스 관련 콘텐츠들이 자신과는 잘 맞지 않다고 느끼는 것 같다.

그런 이유에서 '비상승지향'이라는 가치관을 내세워 공감을 얻고자 했다.

공감 가치를 실현해 주는 건 상품이나 서비스의 '주장'이다.

앞에서 본 자동차의 예를 들면, 최근에는 구체적인 기능과 품질이 아닌 '도시형 SUV' 같은 상품의 주장을 보고 자동차를 선택하는 일이 적지 않다. 원래 SUV는 야외 스포츠를 즐기기 위한 차인데, 요즘 소비자들은 그 기능이 아니라 '디자인'을 거리에서 즐기지 않겠냐는 '주장'을 사고 있는 것이다.

이때 이 '도시형 SUV'라는 주장은 '즐길 줄 아는 어른으로 비친다' 같은 평판 가치나, '도시를 즐기는 라이프 스타일에 동감한다' 같은 공감 가치를 가져온다.

'도시를 즐기는 라이프 스타일'(정서적 가치)이나 '도시형 SUV'(주장)나 모두 추상적인 개념이다. 두 개념의 차이, 즉 정서적 가치와 주장의 차이는, 주장이 상품을 통한 가치관의 제안이라는 것이다.

그에 비춰볼 때, 나의 블로그에서는 **'비상승지향'이라는 가치관을 이번 상품인 기사를 통해서 제안해야** 한다. 그리고 '○○한 기사, ○○이라는 기사'라는 주장에 적용해야 한다.

그래서 '없어도 되지만, 있으면 삶이 풍부해지는 지식을 제공하는 기사'라는 주장을 생각했다.

◆ 외관(패키지)

이 블로그에는 '매거진'이라는 기능이 있어, 내가 쓴 기사를 직접 매거진으로 만들어 정리할 수 있다. 이번 주장은 기사 그 자체보다 매거진으로 만드는 편이 알리기 쉬울 것 같았다. 그리하여 매거진을 새로 만들고 그 제목을 〈지식의 잡화점〉으로 정했다.

또한 매거진을 설명하는 문구를 '없어도 되지만 있으면 인생이 풍부해지는 잡화와 같은 지식을 모은 매거진'으로 설정했다. 이 매거진에 기사를 저장해 가면 된다.

이와 같은 요소는 실제로는 네이밍과 캐치프레이즈로서 외관(패키지)의 일부가 된다. **주장은 형태가 없는 개념이므로 기능 및 품질, 외관(패키지)과 평등한 관계라고는 할 수 없다. 주장은 기능 및 품질과 외관(패키지)으로 구체화되고 가치를 발휘한다.**

또 사진이나 일러스트, 디자인 같은 시각적인 요소는 외관(패키지)에서 가장 중요한 항목이다.

블로그는 전체적인 디자인을 마음대로 바꿀 수 없으므로 시각적인 면에서는 그다지 많은 변화를 줄 수 없다. 그러나 블로그 시작면을 비롯해 글 속에도 이미지를 삽입할 수 있기에 외형의 이미지에 어느 정도 변화는 줄 수 있다.

내 기사에서는 **'비상승지향'이라고 하는 가치관을 전하고 공감 가치를 만들기 위해, 대표 사진이나 중간에 삽입할 사진을 약간씩 바꾸기로 하고,** 마치 비즈니스 기사의 느낌이 나는 스톡 사진이 아니라, 피사체나 사진 그 자체에 예술성과 교양이 느껴지는 부드러운 느낌을 주는 것들을 모으기로 했다.

SNS에서 정보를 발신할 때는 자기 자신을 콘텐츠의 상품개발자로 규정
한다.

상대방과 대화를 나누며 '나의 가치'를 높인다

지금까지 블로그 기사의 기능 및 품질, 주장, 외관^(패키지)을 생
각해 왔다. 드디어 콘텐츠를 개시할 일만 남았다 싶겠지만, 그
렇게 하지 않는 것이 마케터의 방식이다.

여기에서도 **상대방과의 대화가 들어간다.**

◆ **지인이나 관계자와 대화한다**

이러한 기능 및 품질, 주장, 외관^(패키지)을 글로 정리하면 다음
과 같다. 다음 글이 **내 기사의 '콘셉트'**다.

〈없어도 되지만 있으면 삶이 풍부해지는 잡화 같은 지식을 모은
블로그 매거진, '지식의 잡화점'을 시작합니다.

첫 번째 주제는 정보의 입력. '그 사람은 바쁜데도 새로운 화제에
대해서도 식견이 넓다. 대체 어떻게 정보를 수집하고 있을까?'

그런 사람이 실제 어떻게 정보를 수집하고 있는지를 설명하겠습니다.〉

이러한 문장을 몇몇 사람에게 보여주고 "읽어보고 싶은 생각이 들까요?"라며 반응을 살핀다. 이른바 콘셉트 테스트다. 외관(패키지)의 분위기를 전하기 위해 문장 위에 기사의 대표 사진을 붙여 두어도 좋을 것이다.

자기 지인에게 물어보면 모두 배려 차원에서 "재밌겠다!", "읽어보고 싶어!"라고 할 수도 있다. 그런 바이어스(편견)를 피하기 위해, 친구나 가족에게 부탁해서 내가 모르는 사람에게 물어봐 달라고 하는 것도 한 방법이다.

◆ **인터넷을 이용해 테스트한다**

최근에는 저렴한 가격으로 할 수 있는 간단한 인터넷 조사도 있다. 이러한 콘셉트 시트를 여러 개 준비해서 각 콘셉트에 대한 반응을 살펴보는 조사를 해보는 것이 가장 확실하다.

내가 자주 활용하는 손쉬운 방법이 **트위터를 이용한 조사**다. 앞에서 말한 기사의 콘셉트를 140자로 줄인 다음 글을 올리고 반응을 살펴본다. 조사 대상은 내 팔로워이므로 내가 누구인지를 설명하는 문장은 생략할 수 있다.

반응이 좋고 나쁨은 **평상시에 올렸던 글에 대한 반응과 비교하면 파악**할 수 있다. 나 같은 경우에는 '좋아요'가 10개 정도면 나쁜 반응, 100개 정도면 보통, 1,000개 정도면 좋은 반응, 10,000개면 매우 좋은 반응이라는 식으로 파악한다.

그런가 하면 트위터에는 설문조사 기능도 있다. 이번에는 트위터의 설문조사 기능을 사용해서 '바쁜 와중에도 항상 화제에 환한 사람은 어떻게 정보를 수집하고 있을까?'라는 주제를 다른 몇 가지 주제 후보와 비교해 봤다. 24시간 동안 약 300 표가 모아졌고 이 주제는 '가설을 만드는 방법'이라는 주제와 비교했을 때 거의 비슷한 수치로 2위를 차지했다.

이를 통해 확실한 수요를 확인할 수 있었다. 그래서 또 하나의 주제인 '가설을 만드는 방법'은 다음 기사의 주제로 저장해 두고 즉시 첫 번째 주제로 집필을 시작했다.

트위터에서 하는 조사는 **물론 글을 읽는 사람이 치우쳐 있다는 문제가 있긴 하지만, 아무 조사도 하지 않는 것보다는 훨씬 나을 것이다.** 이 책은 마케팅 교과서가 아니라 마케팅의 이론을 삶에 활용하기 위한 지침서다. 조사 전문가들이 화를 낼지도 모르지만, 여러분이 실제로 실천할 수 있는 방법을 최우선으로 하고 있다는 점을 양해해 주었으면 한다.

◆ **진실한 한 문장으로 시작한다**

이렇게 해서 완성된 기사가 바로 다음이다.

'정보입력에서 중요한 건 〈머릿속에 나무를 심는 것〉'(https: //note.com/pianonoki/:)

이 기사는 다행히 2020년 11월에 '사람들이 가장 좋아하는 기사'로 선정되었다.

원래대로라면 이 기사를 어떻게 해서 널리 알릴지 그다음 단계도 신경을 써야 한다. 그러나 이번에는 가치를 만드는 사례 연구이므로, 굳이 특별한 작업은 하지 않았다. 이 기사를 나의 SNS에 올려놓기만 하고, 나머지는 기사의 완성도를 믿고 많은 사람이 읽어주기를 바랐다. 다행히 좋은 결과를 얻어서 다행이다.

사례 연구라고 하면 조금 오해가 있을 수 있다. 여기에서 말하고 싶은 건 노하우가 아니다. '이렇게 하면 읽힐 것이다'라는 철칙이 있고, 그 철칙대로 작성했더니 역시 사람들이 읽어주었다는 주장을 하고 싶은 게 아니라는 것이다.

여기에서 주목해 주었으면 하는 점은 노하우가 아니고 사상이다. **상대방의 관점에서 시작해 상대방과 대화를 나누며 콘텐츠를 만들어간다는 생각과 행동**이다.

노벨문학상 작가인 어니스트 헤밍웨이는 『A Moveable

Feast』라는 회고록에서 소설을 쓸 때의 마음가짐을 다음과 같이 말했다.

"진실한 한 문장으로 시작한다."

마케팅도 마찬가지다. 마케터가 상대하는 사람은 '30대 정도까지의 젊은 직장인'과 같은 집단이다. 하지만 실제로는 그런 집단은 존재하지 않기에 말하자면 모두 가공의 이야기, 즉 소설이다.

다만 그 소설은 '진실한 한 명의 고객'에서 시작해야 한다. '어느 누구도 아닌 그 사람에게 도움이 되고 싶다, 그 사람의 어려움을 해결해 주고 싶다'라는 인간으로서 느껴지는 솔직한 감정에서 시작한다. 그리고 많은 사람이 어떤 어려움을 느끼는지 확인해 가면서 상품, 서비스, 콘텐츠를 정성껏 만들어 가야 한다.

누나에게는 한 번도 읽어보게 하지는 않았지만, 나는 항상 누나에게 읽어보라고 할 생각으로 소설을 써 왔다. 만약 내가 어떤 예술적 통일성에 노달했다면 그 비밀은 누나에게 있다.

- 커트 보니것(미국의 국민적 SF 작가/휴머니스트)

▶ **마케터처럼 POINT · 43**
상품 및 콘텐츠 제작은 진실한 한 명의 고객에서 시작한다.

마케팅이란 바로 이런 '사상'이다.

소셜 미디어에서 정보를 전달하는 건 마케터처럼 살기 위한 현실적인 훈련으로서 매우 유익하다. 그리고 그 훈련을 할 때는 항상 누군가에게 도움이 되겠다는 마음을 잊지 않도록 해야 한다.

TRY

가치를 만든다

일
-

- 당신 회사의 상품과 서비스는 어떠한 기능 및 품질, 주장, 외관(패키지)을 갖추고 있는지 생각해 보라.

커리어
-

- 당신이 매일 내리는 결단은 '누구에게', '어떻게 기여할지'를 판단 기준으로 삼고 있는지 생각해 보라.

개인의 삶
-

- STEP 3 〈가치를 만든다〉의 내용을 참고해 실제로 블로그 기사를 써 보라.

STEP
04

가치를 알린다

- 나를 필요로 하는 상대를 만나다

왜 가치를 알리는가?

가치를 알리는 건 의무다

여기까지 해서 상대방을 정하고 가치를 정의하여 그 가치를 만들 수 있었다.

하지만 어느 누구도 그 가치를 알지 못하거나 알고는 있지만 제대로 이해하지 못하는 상태라면, 누구도 사용해 주지 않고 결국에는 아무에게도 도움이 될 수 없다.

누군가를 위해서 만들어낸 가치는 그 사람에게 제대로 알릴 필요가 있다. 그건 의무이기도 하다. 그 의무를 제대로 완수하기 위한 마음가짐이나 방법론을 정리한 것이, 드디어 마지막 단계인 〈**가치를 알린다**〉이다.

그런데 공교롭게도 이 가치를 알리는 과정은 과대평가되거나 과소평가되거나 둘 중 하나인 경우가 많다. 바꿔 말하면, 광고만으로 모든 것을 해결할 수 있다고 생각하거나, 광고 같은 건 인간 지성의 낭비라고 얕잡아 보거나 둘 중 하나라는 것이다.

그러나 어느 쪽도 정답이 아니다. **좋은 상품을 만들고, 광고(선전)를 통해 알린다. 이 두 가지가 모두 이루어져야 비로소 기업이 가치를 만들어낼 수 있는 것이다.** 상품이 널리 알려지지 않아 아무도 사용해 주지 않으면 당연히 가치는 실현될 수 없다. 파나소닉의 창업자 마쓰시타 고노스케의 말을 여기에서 다시 한번 인용하겠다.

〈우리 같은 기업인과 상인들은 '당신이 이 상품을 사용하면 편리하고 이익이 될 것이다.'라는 사실을 소비자에게 알릴 의무가 있다. 그 의무를 다하기 위해 '광고'를 하는 것이다.〉

(체스에 대해 이야기하며) 광고회사 외에는 어디에서도 볼 수 없을 만큼 정교한 인간 지성의 낭비다.

-필립 말로우(레이먼드 챈들러의 탐정소설 시리즈 주인공)

마케터처럼 ──── 살아라

◆ **인지도나 이미지(인상)에 따른 선택이 합리적인 이유**

개인의 경우도 마찬가지다.

예컨대 내가 리액션 계열의 유튜버가 되었다고 하자. 콘텐츠의 완성도에는 자신 있지만, 아무리 노력해도 채널 구독자 수는 전혀 늘지 않았다고 가정해 보자.

그런 현실에 "왜 다들 인지도나 이미지만 보고 콘텐츠의 매력은 봐 주지 않는 거야!"라고 분개해도 어쩔 수 없다.

왜냐하면 시청자 대부분은 인지도나 이미지에 의존하지 않고 콘텐츠의 매력만으로는 판단이 **'불가능'**하기 때문이다. 어쩌면 어느 정도는 인지도나 이미지로 콘텐츠를 판단하는 것이, 사실은 시청자들에게 가장 합리적이기도 하다.

첫째, 정보가 넘쳐나는 현대의 시청자에게는 **모든 콘텐츠를 샅샅이 살펴볼 시간이 없다.**

현대인이 하루에 접하는 정보량은 근세 시대의 사람이 평생 접하는 양과 같다는 이야기를 들어본 적 있는가? 확인할 길이 없으니 진위 여부는 잘 모르겠으나, 그 시대까지 거슬러 올라가지 않아도 날마다 접하는 정보의 양이 10년 전에 비해 폭증하고 있다는 사실은 모두가 실감하고 있을 것이다.

예전에는 컴퓨터를 켜고 검색해서 찾던 정보가, 지금은 스마트폰을 열면 타임라인을 타고 분이나 초 단위로 흘러들어온다. 이 모든 것을 샅샅이 확인하기는 물리적으로 불가능하다.

설령 모든 콘텐츠를 빠짐없이 확인했다고 하더라도 **그 콘텐츠를 공평하고 정확하게 평가하려면 상당한 시간과 노력이 필요하다.** 그리고 아무리 시간과 노력을 들인다 해도 **완벽한 공평함은 거의 기대할 수 없을 것이다.**

기업의 구매 부문에서 근무하는 사람은, 공급업체를 선택할 때 엑셀로 평가 시트를 만들기도 할 것이다. 공급업체의 제안을 여러 요소로 분류해서 직원 모두가 함께 평가하고, 합계 점수를 낸 결과를 바탕으로 판단하는 방식이다.

이러한 평가를 개인이 하려면 시간과 노력이 너무 많이 들기 때문에, 몇몇 중요한 소비자용 상품의 경우에는 그런 교차 평가를 전문으로 하는 '평론가'가 존재한다.

그러나 이번에는 그런 평론가를 어떻게 평가해야 할지의 문제에 직면하게 된다. 예컨대 자동차 평론가의 경우, '올해의 차' 심사위원으로 선정되는 사람만 해도 60명 정도다. 그렇게 되면 후보 자동차를 가려내는 일보다 평론가를 선정하는 일이 훨씬 더 힘들다.

◆ 어필은 상대방에게 도움을 주기 위해 반드시 필요한 행위

이런 점을 아울러 생각하면, 낭패를 보지 않기 위해 인지도

나 이미지 등을 통해 일차적으로 가려낸 다음, 좁혀진 선택지 안에서 차분히 비교 검토하는 행동이 사실 **소비자에게 매우 합리적**이라는 것을 알 수 있다.

모든 선택지를 공평하게 비교할 수는 없다. 혹은 그렇게 하지 않는 것이 훨씬 합리적이다.

그렇다면 **상대방의 과제를 해결하기 위해서는, 그리고 최종적으로 상대방에게 도움을 주기 위해서는 자기 자신을 어필해 검토의 대상에 올려야** 된다.

과거 어느 때보다 유연하고 다양한 관계 속에서, 여러 회사를 상대로 일하는 경우가 증가함에 따라, 타인에게 나를 각인시킬 필요가 높아진다. 그러므로 많은 사람 속에서 나의 존재를 부각시키는 일이 중요해진다.
- 린다 그래튼(런던 비즈니스 스쿨 교수, 『100세 인생』 저자)

▶ 마케터처럼 POINT · 44
광고와 자기 어필은 가치를 제공하는 사람의 의무다.

자기 어필에 대한 거부감을 없앤다

상대방의 과제를 해결하기 위해서는 먼저 자기 자신을 어필해야만 한다.

성실하게 좋은 물건을 꾸준히 제공하다 보면 언젠가는 알아줄 것이다? 성실하게 일을 잘하다 보면 누군가는 나를 발탁해 줄 것이다? 애석하게도 그런 일은 사실 거의 없다. 절망적인 이야기일지도 모르지만, 비즈니스 측면에서도 개인의 향상 측면에서도 그것이 현실이다.

성실하게 일을 잘하고 있는 사람은 많다. 그중 몇 명은 한 단계 더 나아가 자기 어필을 게을리하지 않는다. 그런 사람들을 무시하면서 자신은 저절로 눈에 띄기를 기다리겠다는 건 조금 유치한 생각일지도 모른다.

자신을 어필한다는 건, 없는 실력을 과장하거나 거짓된 이미지를 심겠다는 뜻은 당연히 아니다. 그렇게 하면 '가치의 교환=마케팅'은 성립하지 않는다.

때로는 실력이 전혀 없는 사람이 좋은 평가를 받을 수도 있고, 가치도 없는 상품이 인기를 얻을 때도 있다. 그런 상황은 사회의 '버그'와 같다. 제대로 프로그램화된 시스템에도 버그가 일어나는 것을 보면 인간 사회에서 그런 일이 일어나지 않을 거라고 생각하는 게 오히려 이상하다.

그러나 버그는 어디까지나 버그다. 정상적인 상태가 아니다. 빈번하게 일어나는 일도 아니고 오랫동안 방치되는 일도 아니다.

이러한 버그를 일단 목격해버린 사람 중에는 **자기 자신을 어필하는 행위에 거부감을 느끼는 사람**도 있을 것이다. 그 브랜드와 그 사람은 항상 어필만 한다느니, 실력으로 승부하지 않는다느니 등등. 이유도 없이 그런 비판을 듣게 될 수도 있다.

그러나 그러한 모든 상황을 무시하고서라도 **가치를 제공해야 할 상대는 만나야 한다.** 마쓰시타 고노스케가 의무라고 말한 건 바로 그런 의미다.

그렇다면 **이유 없는 비판과 주위의 시선은 신경 쓰지 않아야 한다.**

정말 주위의 시선이 신경 쓰일 때는 신경써야 할 일에 제대로 집중하지 않을 때가 아닐지. 당신이 정말 신경 써야 할 일은 어떻게 해서 상대방에게 도움을 줄 것인지 그것 하나다.

개인이든 상품이나 서비스를 통해서든 상대방에게 도움을 주는 일을 실천하여 성과를 올리고 좋은 평가를 받는 사람은, 모두 자기 어필이 얼마나 중요한지 잘 이해하고 있다. 그런 실천자를 찾으면 꼭 한번 '자기 어필'에 대한 생각을 들어보라. **비판자의 소리가 아닌 실천자의 소리에 귀 기울여야** 한다.

친구는 미소로 맞이하고 악수에는 마음을 담는다. 오해받을까 걱정하지 말고, 적에 대한 생각으로 내 마음을 괴롭히지 않는다.
- 앨버트 허버드(미국의 사상가)

이 STEP 4에서는 당신이 그런 실천자가 되기 위한 방법론을 소개할 것이다.

> ▶ **마케터처럼 POINT · 45**
> 이유 없는 비판은 무시하고, 어필해야 할 부분은 확실히 어필한다.

가치를 알리는 마케터의 사고와 기술

가치는 3단계로 상대방에게 알린다

자동차나 여행 같은 상품은 검토를 시작하고 나서 최종적인 구입에 이르기까지 평균 약 2개월의 검토 기간이 있다.

소비재나 음료 등은 마트에 가서 바로 비교하여 구입하는데, 그 자리에서 바로 결정할 수 있는 것은 인지도나 이미지, 과거의 경험 같은 각 브랜드에 대한 사전 지식을 소비자가 가지고 있기 때문이다. 소비자 자신은 그러한 사전 지식을 수집하고 있다고 자각하지 않지만, 보통 몇 주에서 몇 개월에 걸쳐 의식 또는 무의식 속에 축적되어 간다. 이것도 일종의 검토 기간이라고 할 수 있다.

가치를 알리는 과정에서는 이 '검토 기간'을 이용한 상대방과의 커뮤니케이션을 단계적으로 계획해 간다.

그 계획의 마스터 플랜은 '커스터머 저니(customer journey)'라고 불린다.

저니(journey)는 '여행'이라는 뜻도 있지만, 여기에서는 '여정'이라는 의미로 이해하기 바란다. 도쿄에서 출발해 금각사까지 가려면, 전철을 타고 시나가와까지 가서 신칸센으로 갈아탄 다음 교토에서 내려 버스를 타고 금각사까지 가는 것과 같은 계획이 여정이다.

가치를 알리는 과정을 여정에 비유한 이유는, 다음 두 가지 점에서 매우 비슷하기 때문이다.

- 연결 지점이 있다
- 각 연결 지점까지 가는 이동 수단에 차이가 있을 수 있다.

가치를 알리는 과정의 연결 지점은 상대방의 '마음 상태'다.

더 정확하게 말하면 '그 상품이나 서비스를 어떻게 생각하고 있을까?'라는 마음의 상태를 몇 개의 '부분'으로 나눈 것으로, 마케팅 세계에서는 '태도 변화'라고 부른다. 이 책에서는 이 '태도 변화'를 간단히 다음 세 단계로 나누어 생각한다.

1단계: 기억하게 만든다

2단계: 좋아하게 만든다

3단계: 선택하게 만든다

하나씩 순서대로 살펴보자.

> ▶ **마케터처럼 POINT · 46**
> <기억하게 만든다>, <좋아하게 만든다>, <선택하게 만든다> 이 세 단계로 가치를 알린다.

기억하게 만든다

인지라는 말을 들어본 적이 있을 것이다. 텔레비전 광고의 목적은 '인지 획득'이라는 표현을 사용한다.

인지란 알고 있는 상태를 말한다. **애초에 모르면 살 리가 없으므로** 인지는 두말할 나위 없이 중요하다.

◆ **<알게 만든다>와 <기억하게 만든다>는 결정적으로 다르다**

그러나 단지 알려져만 있어서는 별 의미가 없다.

실제로 ○○을 사려고 했을 때, 그 제품을 떠올리게 만드는 일이 여정의 출발점이 되기 때문이다. 이 과정에서 상대방^(고객)에게 제품을 떠올리게 하지 못하면 아무리 알려져 있더라도 검토 후보에 오를 수 없다.

단순히 알게 만드는 일보다 **기억하게 만드는 일의 난이도가 현격히 높아지는 것은 당연하다.**

시험 삼아 여러분이 기억하고 있는 수입차 제조업체의 목록을 최대한 많이 작성해 보라.

몇 개가 떠올랐는가?

차를 좋아하는 사람이 아니라면 대략 5~8개 정도가 아닐까? 그렇다면 다음 제조업체를 알고 있는가?

시트로엥 · 푸조 · 볼보 · 오펠 · 애스턴마틴 · 재규어 · 벤틀리 · 피아트 · 알파로메오 · 람보르기니 · 페라리 · 현대 · GM · 포드

대체로 모두 들어본 적 있는 수입차 제조업체일 것이다. 그럼 조금 전에 여러분이 떠올린 목록에 이 제조업체들은 포함되어 있을까?

실제로 조사해 보면, 이 제조업체들은 우리에게 알려져 있긴 해도 검토할 때 사람들 머릿속에 잘 떠오르지 않는다는 결과가 나온다.

이것이 '아는 것'과 '기억하는 것' 사이에 흐르는 큰 강이다.

그렇다면 왜 기억하게 만드는 것은 그만큼 어려울까? 그것은 **기억을 적극적으로 생산**해야 하기 때문이다.

영어 단어 암기를 예로 들면 알기 쉬울 것이다. 예를 들어 '망각'이라는 의미의 영어 단어를 보자. limbo라는 단어도 망각을 의미하는 단어 중 하나다.

이 단어를 몰랐던 사람은 지금 이 순간 새롭게 알게 된 셈이다. 그런데 몇 쪽을 더 읽은 다음, 이 단어를 기억하고 있는지 묻는다면 그건 또 다른 문제일 것이다.

◆ **기억하게 하는 세 가지 방법**

그럼 기억하게 하려면 어떻게 해야 할까? 그 방법에는 다음 세 가지가 있다.

❶ 반복해서 알린다
❷ 자기 일로 여기게 한다
❸ 마음을 움직이게 한다

학창 시절, 영어 단어를 어떻게 외웠는지 떠올려 보라. 여러분도 사실 여기에 있는 세 가지 방법을 사용해서 외웠을 것이다.

'**반복해서 알린다**'는 단어장과 같다. 단어장이 왜 일반적인 암기 수단인가 하면, 반복 연습을 할 수 있기 때문이다.

'**자기 일로 여기게 한다**'는 실제로 자기가 사용해 보는 방법을 말한다. 여러분도 외우고 싶은 영어 단어를 노트에 적거나 소리 내어 읽어 보았을 것이다.

또 작문이나 영어회화에서 실제로 사용해 본 단어는 기억에 정착하기 쉽다고들 한다.

실제 대화에서 외우고 싶은 단어를 사용해 보는 방법은 '**마음을 움직이게 한다**'는 의미에서 효과적이다.

사람들 앞에서 단어를 잘못 사용한 탓에 창피를 당하면, 그 단어는 절대 잊어버리지 않게 된다. 이것은 마음속에서 창피하다는 감정이 크게 움직이고 있기 때문이다.

그런데 여기서 잠깐! **조금 전에 말했던 '망각'이라는 영어 단어를 기억하고 있는가?**

그야말로 완전히 '망각'하고 있었다면 앞쪽을 다시 확인해 보기 바란다. 이번에는 조금 전보다 더 기억에 남을 것이다.

◆ **기억을 위한 창의적인 아이디어를 짜낸다**

이 limbo라는 단어를 먼저 여러분에게 **반복해서** 말했다.

그리고 실제로 '망각'하고 있었다는 사실에서 이제 여러분

자신의 일이 되었다.

게다가 화들짝 놀라거나 짜증이 나거나 충격을 받거나 창피하거나 하는 등의 형태로 조금이나마 **마음이 움직였던 것이** 아닐까?

여러분이 이 limbo라는 단어를 외울 의무는 전혀 없다. 당연한 말이지만 나는 여러분에게 단어장을 만들어 보라고도 직접 단어장을 사용해 보라고도 할 수 없다.

그런 상황에서 단시간에 여러분이 limbo라는 단어를 기억하게 하려면 약간의 아이디어가 필요하다. 그래서 궁리를 좀 해본 것이다.

이러한 아이디어를 광고의 세계에서는 '크리에이티브'라고 부른다.

광고를 보는 사람은 당신이 만든 상품이나 서비스를 기억할 의무가 전혀 없다. 그러한 상황에서 몇 초, 많아야 몇 분이라고 하는 한정된 시간 안에 기억하게 하려면 어떻게 해야 할까? 그 수단이 바로 크리에이티브다.

내가 아우디에서 마케터로 근무할 때, Q2라는 소형 SUV가 출시되면서 우리 팀이 프로모션을 담당하게 되었다.

분석 결과, Q2의 과제는 무엇보다 기억하게 만드는 것이 최우선이었다. 콤팩트 SUV는 가장 큰 성장 분야였던 만큼, 자동차 회사마다 앞다투어 대량의 텔레비전 광고를 쏟아붓고 있었다. 그런 상황에서 가장 강하게 기억에 남도록 하여 구매 검토를 할 때 자사 제품을 떠올리게 하기란 매우 어려운 일이다.

그래서 크리에이티브를 발휘했다. 세련된 이미지의 일본 라면 체인점과 제휴해 'Q2'라는 이름의 새로운 면 요리를 만들어 전국에 판매하기도 했고, 설날에는 거대하게 제작한 시소 위에 자동차를 올려놓고 떡메치기를 연출하기도 했다.

고급차의 틀을 깬 프로모션은 주목을 받아 뉴스에서 다루어지기도 했고, 소셜 미디어에서 화제가 되기도 했다. 그렇게 되면 많은 양의 광고를 하지 않고도 반복적으로 이름을 듣게 되는 상황을 만들어낼 수 있다.

또한 이 차를 검토해 주길 바랐던 상대, 즉 도시에 사는 사무직 종사자도 직접 그 화제를 입에 올리며 Q2를 '자기 일'로 여겨 주었다.

더욱이 일본의 문화인 '라면'과 '떡메치기'를 독일의 고급차와 결합시킨 기발한 영상은 시청자들을 놀라게 만들었다.

바로 〈반복해서 알린다〉, 〈자기 일로 여기게 한다〉, 〈마음을 움직이게 한다〉의 3연타로 기억하게 하는 것에 성공한 사례다.

◆ 떠올리게 할 장면을 정한다

자동차와 같은 내구 소비재의 경우는, 구매할 생각으로 후보를 떠올릴 기회가 적은 만큼, 함께 떠오르는 경쟁상대의 수도 그리 많지는 않다.

그런데 이를테면 음식점 같은 경우, 함께 떠오르는 경쟁상대의 수는 엄청나다.

이러한 사례에서 알 수 있는 또 하나의 중요한 사실은 **어떤 상황에서 떠올리게 할 것인가를 잘 설계**하는 일이다.

기억하게 만들 목적으로 제작한 광고는, 브랜드와 그 브랜드를 떠올려 주었으면 하는 장면을 연결하는 자석이라고 할 수도 있다.

이를테면 여러분은 어떤 상황에서 맥도날드를 떠올리는가?

햄버거를 먹고 싶을 때	식사를 빨리 끝내고 싶을 때
차 안에서 먹고 싶을 때	아침을 먹고 싶을 때
가족과 식사를 하고 싶을 때	영업하러 다니는 중간에 잠깐 쉬고 싶을 때
업무나 공부에 집중하고 싶을 때	저녁을 먹고 싶을 때

이런 상황들이 아닐까?

그럼 맥도날드의 경쟁상대인 버거킹과 모스버거 같은 경우는 어떨까?

햄버거를 먹고 싶다고 생각했을 때는 버거킹과 모스버거도 후보에 오를 것이다. 하지만 아침을 먹고 싶을 때, 차 안에서 먹고 싶을 때, 영업하러 다니는 중간에 잠깐 쉬고 싶을 때, 업무나 공부에 집중하고 싶을 때는 맥도날드처럼 딱 떠오르지는 않을 것이다.

이것이 바로 '브랜드 파워'의 차이다. 정확하게 말하면 브랜드 파워을 구성하는 '세일리언스(Salience)'라고 불리는 요소의 차이다. 세일리언스란 해당 브랜드가 떠오르는 상황의 '수'와 각 상황이 얼마나 긴밀하게 연결되어 있는가를 나타내는 '강도'의 배합이다.

맥도날드처럼 다양한 상황에서 제일 먼저 생각나는 브랜드는 강한 세일리언스를 가지고 있는 셈이다.

맥도날드가 일본에 처음 상륙했을 당시에는, 요즘 말로 패밀리 레스토랑 같은 존재였다. 달리 말하면 쉬는 날에 가족과 함께 식사하는 상황에서만 떠오르는 존재였다.

그랬던 맥도날드는 사람들이 맥도날드를 떠올리게 하는 상황을 엄청난 기세로 확대해 나갔다. 이에 맞추어 다음과 같은 캐치프레이즈가 개발되었다.

- 아침을 먹고 싶을 때: 맥모닝

- 일이나 공부하는 틈틈이 잠깐 쉬고 싶을 때: 맥카페

- 혼자서 저녁을 먹고 싶을 때: 맥디너

> ▶ **마케터처럼 POINT · 47**
> <반복해서 알린다>, <자기 일로 여기게 한다>, <마음을 움직이게 한다>.
> 이 세 가지 방법으로 기억하게 만든다.

좋아하게 만든다

◆ **좋아하게 만들기가 매우 중요한 이유**

고객 여정(Customer Journey)에는 세 개의 연결 지점이 있었다. 지금부터는 그 두 번째인 〈좋아하게 만든다〉를 살펴보자.

여러분이 샴푸를 살 때 어떤 행동을 하는지 떠올려 보자.

샴푸가 다 떨어지면 샴푸를 사기 위해 슈퍼에 간다. 샴푸 코너로 걸어가면서 몇 가지 샴푸를 머릿속에 떠올릴 것이다. 샴푸 코너 앞에 도착하면 그 샴푸들을 눈으로 훑어본다. 이런 행동을 의식해서 할 때도 있고 무의식적으로 할 때도 있다.

이때 떠오르는 상품의 집합을 '상기상표군'이라고 한다. 앞에서 떠올리게 만드는 방법을 확인했는데, 그것은 다른 말로

하면 상기상표군에 들어가도록 하는 것이다.

샴푸 코너에는 무수히 많은 상품이 진열돼 있어서 상기상표군이 없으면 우리는 사고가 정지되고 말 것이다. 해외 슈퍼마켓에서 생활용품을 고르려다가 그 코너 앞에서 멍해져 버린 경험이 있는가? 바로 그 상태다.

상기상표군에 들어있는 상품을 진열대에서 찾아낸 후, 가격을 보고 후보를 더 좁히면 **그때부터는 '감각'**으로 고른다. 아무리 합리적인 사람이라도 경쟁에서 살아남은 상품의 비교표를 그 자리에서 바로 만들지는 않을 것이다.

그리고 이 **감각에 따른 선택을 좌우하는 것이 브랜드에 대한 호감**이다. 즉, 그 상품을 **좋아하는지 아닌지**의 문제다.

자동차 같은 내구 소비재에서는 샴푸 같은 일상 소비재(Fast Moving Consumer Goods)와는 조금 다른 의미에서 이 호감이 중요하다.

내구 소비재를 구입할 때는, 인터넷이나 카탈로그 등을 보며 차분히 사전조사를 할 것이다. 그런 다음 후보를 한두 개로 좁힌 후, 매장에 가서 실물을 확인하고 직원의 이야기도 들어보고 나서 최종적으로 사인을 한다.

인터넷이나 카탈로그를 보면서 검토할 때, **호감을 가지고 있는 브랜드부터 먼저 알아보는 것이 당연한 일이다.** 고객이

운 좋게 자사 상품을 떠올렸다고 하더라도, 그다지 좋아하는 브랜드가 아니면 검토 순서가 뒷전으로 밀리거나 결국 검토 대상에 오르지 못할 수도 있다.

사람들은 호감을 가진 브랜드를 긍정적인 시선으로 바라본다. 같은 정보라도 호의적으로 해석하려고 한다.

이처럼 **자동차 같은 내구 소비재에서도 '좋아하게 만들기'가 승부를 크게 좌우**한다.

◆ 뜬금없이 팬을 만들려고 하지 않는다

여기에서 말하는 좋아하게 만든다는 것은 팬으로 만든다는 것과는 다르다. **특별한 이유 없이 그냥 좋아하게 만든다**는 정도를 의미한다.

정말 '그냥'이어도 될까? 의구심이 들 수도 있겠지만 걱정할 것 없다. 원래 이 단계에서는 아직 '특별한 이유 없이 그냥'이라는 정도의 호감밖에 만들 수 없다.

이용자들이 열광적인 팬이 되는 이유는 해당 브랜드의 가치를 높이 평가하기 때문이다.

상대방에게 타당한 가치가 정의되고 그 가치가 제대로 만들어지면 이용자의 증가와 함께 팬도 많아진다. 반대로 그런 과정 없이 **그저 보이기 위한 팬 미팅 등을 열었다고 하더라도 결**

코 열광적인 팬은 생기지 않는다.

도가시 요시히로의 만화 『HUNTER×HUNTER』는 열광적인 팬이 많은 것으로 유명한데, 실상 작가의 팬 서비스 같은 것은 생각할 수도 없다. 오히려 아무런 예고도 없이 갑자기 연재를 쉬기도 하는데, 2년이나 연재를 중단한 적도 있다.

그래도 『HUNTER×HUNTER』가 팬들의 지지를 받는 이유는 순전히 만화로서 가치가 높기 때문이다.

◆ 로열티(Loyalty)는 높은 시장점유율의 결과일 뿐이다

로열티^(브랜드를 향한 충성도)가 성립되는 방법에도 주목할 필요가 있다.

데이터를 이용한 과학적 마케팅의 선구자로 알려진 앤드류 에렌버그는 **로열티를 시장점유율의 결과**라고 주장했다

즉, 로열티가 강한 브랜드일수록 높은 시장점유율을 차지하는 게 아니라, **시장점유율이 높고, 많은 사람이 사용하는 브랜드일수록 결과적으로 로열티가 강해지는** 경향이 있다는 것을 의미한다.

이 사실을 증명하는 데이터는 세제부터 항공기 연료에 이르기까지 다양한 범주에서 지역을 뛰어넘어 관측되고 있다.

앤드류 에렌버그의 이름을 딴 '에렌버그 배스 연구소'의 디

렉터인 남호주대학 바이런 샤프 교수는 그 이유를 '모두 자기
엄마를 좋아한다'라는 표현으로 설명한다. 해당 브랜드를 이
용한 지 오래된 사람은 필연적으로 그 브랜드에 애착을 느낀
다는 것이다.

사실 아무리 낡아도 자기 차에 애착을 느끼지 않는 사람은
드물다. 심지어 예전에 사용했던 자동차에까지 오랫동안 애착
을 가지고 있는 사람도 있다.

이것이 로열티의 정체이자 결국은 열광적인 팬의 정체다.

이런 의미에서 보면, **광고 활동만으로는 도저히 열광적인
팬을 만들 수 없다.** 일단 '왠지 그냥 좋다'는 상태를 만든 다음,
실제로 사용해 보게 하여 가치를 계속 체감하게 하는 것만이
팬을 만들 수 있는 방법이다.

> 소비자가 상품에 긍정적이고 좋은 이미지를 가지게 하면 된다. 소비자가 당
> 신의 상품을 확실히 좋다고 생각하고 경쟁 상품은 좋지 않다고 생각한다면,
> 선택받는 쪽은 당신일 것이다.
>
> — 조엘 라파엘슨 (미국의 광고인, 작가)

◆ **좋아하게 만들기 위한 세 가지 방법**

그럼 광고 활동을 통해 좋아하게 만들려면 구체적으로 무엇
을 해야 할까?

앞서 말한 기억하게 만들기 위한 방법과 핵심은 같다. 바로 다음 세 가지다.

❶ 반복해서 알린다
❷ 자기 일로 여기게 한다
❸ 마음을 움직이게 한다

'반복해서 알린다'는 기억하게 만들기 위해서는 물론이고 좋아하게 만들기 위해서도 중요하다.

혹시 '단순 접촉 효과'라는 말을 들어본 적이 있는가? 단순히 매일 같은 공간에만 있어도 사람은 타인에게 친밀감을 느끼게 된다는 인간 심리다.

회사에서 자주 마주치는(그러나 대화를 나눈 적도 없고 이름도 모른다) 다른 부서의 직원을 출장지인 외국의 거리에서 우연히 만나는 상황을 상상해 보자.

"어? 어쩐 일이세요!"라며 자기도 모르게 말을 걸게 된다. 평소에는 같은 부서의 동료에 비하면 '모르는 사람'이나 마찬가지던 사람이지만, 이런 상황에 놓이면 어느 정도 이상의 친밀감을 느끼고 있었음이 드러난다.

이와 같은 원리로, **반복적으로 접하다 보면 해당 브랜드에**

친밀감이 생긴다.

다만 지나치게 반복하지 않도록 주의가 필요하다. 특히 디지털 광고에서는 세분화해 내보낼 수 있는 반면, 한 번 그 광고를 본 사람에게 여러 번 같은 광고가 노출되는 사태를 방치하기 십상이다.

이렇게 되면 좋아하게 만들기는커녕 오히려 미움을 살 수도 있다.

'자기 일로 여기게 하는' 것이 왜 친밀감을 느끼게 하는지는 '모두 자기 엄마를 좋아한다'라는 표현에서 알 수 있다.

사용자는 자신이 실제로 사용하고 있는 브랜드에 친밀감과 로열티를 쌓아간다. 시험적으로 한 번 사용해 보기만 해도 비슷한 효과를 낼 수 있다.

'마음을 움직인다'는 기억하게 만드는 과정보다 좋아하게 만드는 과정에서 더욱 중요하다.

첫인상이 안 좋았던 사람이라도 함께 회식을 하거나 운동을 하다 보면 단숨에 허물없이 친해질 때가 있다. 그 이유는 마음 속에서 '즐겁다', '흥분된다'라는 감정이 움직이고 있기 때문이다.

사람에게 느끼는 호감처럼 **상품과 서비스에 호감을 느끼게 하려면, 이러한 방법을 이용해 마음을 움직이게 하는 것이 가**

장 확실하다.

◆ 기억하게 만들기와 좋아하게 만들기는 동시에 진행한다

이처럼 공통의 요소가 많으므로 **기억하게 만들기 위한 광고 활동과 좋아하게 만들기 위한 광고 활동은 동시에 진행하는 게 이상적**이다. 그러기 위해서는 많은 사람에게 반복적으로 알리기 위한 대중매체의 힘과 마음을 움직이기 위한 표현력이 반드시 필요하다.

이 두 가지를 모두 갖춘 수단이 바로 텔레비전 광고다. 텔레비전 광고가 여전히 광고 활동의 왕도로 남아 있는 이유는 바로 여기에 있다.

일본의 대표적 광고 회사인 덴쓰에서 해마다 발표하고 있는 '2019년 광고비 현황'을 보면, 인터넷 광고비가 마침내 텔레비전 광고비를 앞질렀다. 그렇다고 텔레비전 광고의 비중이 줄어들었는가 하면 전혀 그렇지 않다. 여전히 광고비 전체의 27%를 차지하며 30%인 인터넷 광고와 쌍벽을 이루고 있다.

하지만 텔레비전 광고는 매체비와 제작비를 합치면 수십 억 단위의 광고 예산이 필요하다.

그런 많은 예산이 없는 경우에는, 기억하게 만드는 과정과 좋아하게 만드는 과정을 단계적으로 고려할 필요도 있다. 구

체적으로는 배너 광고나 역에 붙이는 포스터 등을 이용해 기억하게 만들고, 웹사이트로 유도해 스토리를 읽어보게 하면서 좋아하게 만든다는 방식이다.

배너나 포스터처럼 표현력이 제한된 매체로 마음을 움직여 인지와 호감을 동시에 얻고 싶을 때 의지할 수 있는 것이 카피라이터다. 비록 광고 문구가 배너의 한쪽 구석에 있거나 전철에서 누군가의 어깨너머로 살짝 보이더라도, 뛰어난 카피에는 사람의 마음을 움직이는 힘이 있다.

> ▶ **마케터처럼 POINT · 48**
> 기억하게 만들기 위한 활동과 좋아하게 만들기 위한 활동은 동시에 진행하는 게 이상적이며, 마음을 움직이게 하는 방법이 가장 효과적이다.

선택하게 만든다

기억하게 만들고 좋아하게 만들면, 상대방에게 가치를 알릴 가능성은 훨씬 커진다.

그러나 경쟁업체도 같은 목적으로 광고를 만들기 때문에 좀처럼 쉬운 일이 아니다.

고객 여정의 마지막 단계로서, 상품이나 서비스를 **선택하게 만들기 위한 강력한 마지막 한 방이** 필요하다.

그 강력한 마지막 한 방에는 다음 세 가지 유형이 있다.

첫 번째: 근처까지 전달한다
두 번째: 가치를 알린다
세 번째: 부가가치(덤)를 제공한다

하나씩 차례대로 살펴보자.

◆ 근처까지 전달한다

소비재 마케터가 중시하는 3대 지표는 인지, 호감, 진열이다. 과거의 데이터를 통해, 이 세 가지 지표와 시장점유율 사이에는 높은 상관관계가 있음을 알고 있다.

인지와 호감은 각각 '기억하게 만든다'와 '좋아하게 만든다'에 해당한다. 마지막 진열이 여기에서 말하는 '근처까지 전달한다'에 해당한다.

진열이란 상품을 최대한 많은 공간에 펼쳐놓게 한다는 말이다. 그러기 위해서는 상품을 최대한 많은 가게에 공급하는 동시에 가게 안에서 최대한 많은 공간을 차지할 수 있도록 해야 한다.

아무리 내가 〈이·로·하·스〉의 팬일지라도, 물을 사려고 들어간 편의점에 진열되어 있지 않거나 있어도 찾지 못하면 때마침 눈에 들어오는 경쟁 상품에 마음이 가게 될 것이다.

애써 기억하게 만들고 좋아하게 만들어 놓고도, **상품을 고객의 손이 닿을 수 있는 곳까지 전달하지 못하면 모든 것이 엉망**이 된다.

높은 진열률을 실현하기 위해서는, 실제로 진열대를 보유한 소매점과 협상을 할 때 진열 비용이 필요하다. 소매점에서 상품을 많이 들여놓는 대신 할인을 하거나 앞쪽에 진열하도록 판촉지원금을 지급하는 것이다.

제조업체는 **기억하고 좋아하게 만들기 위한 '브랜딩'과 근처까지 상품을 전달하기 위한 '유통전략' 사이에서 균형을 잘 잡아야** 한다. 100억에 달하는 비용을 모두 브랜딩에 쏟아부어 훌륭한 맥주 브랜드를 만든다 한들, 그 상품이 어디에도 유통되지 않으면 결과적으로 가치를 전할 수 없다.

현재 슈퍼의 소금 코너에 가면 여러 브랜드의 소금 제품이 진열되어 있다. 그러나 전매공사에서 소금을 독점 판매했던 시절, 소금 브랜드라는 건 실질적으로 존재하지 않았다. 제조업체가 유통을 100% 통제할 수 있었기 때문에 매장에서 선택받기 위한 브랜딩은 전혀 필요하지 않았다.

이와 비슷한 구조를 가진 것이 PB^(프라이빗 브랜드) 상품의 OEM 생산이다. 편의점이나 슈퍼에서 파는 PB상품은, 사실 국내 대기업이 보이지 않는 곳에서 생산에 관여하기도 한다. 제조업체로서는 유통전략이 100점 만점이므로 스스로 브랜딩을 할 필요가 없는 것이다.

반대로 브랜딩이 돋보이는 사례가 애플이다. 많은 팬들이 정해진 곳에서 사전예약 방식으로 구매하기 때문에 유통업체는 오히려 애플 제품을 취급하게 해달라고 부탁하는 입장이 된다.

따라서 애플은 유통에 필요한 비용을 지급하기는커녕 오히려 유통과 관련해 다양한 요구를 할 수 있게 된다. 가전제품 판매점에 애플 제품 전용매장이 따로 마련되어 있는 이유도 그 때문일 것이다.

모두 극단적인 예이긴 하지만, 제조업체 대부분은 브랜딩과 유통전략 사이에서 균형을 잡지 않으면 안 된다.

상품을 고객 가까이 보내기 위한 노력, 즉 유통전략은 광고처럼 표면에 드러나지 않기 때문에 주의를 끌기 어렵지만, **상품에 따라서는 브랜딩과 비슷하거나 어쩌면 그 이상으로 중요한 마케팅 활동**이다.

◆ 가치를 알린다

가전이나 자동차 같은 비싼 제품을 구입할 때는 '왠지 모르지만 그냥 좋은' 상품을 단번에 선택하지 않는 것이 보통이다. 웹사이트나 카탈로그 등을 보며 상품의 특징을 확인하고, 전문가의 의견이나 전문잡지를 참고해 후보 상품을 비교 검토한다.

이때 그러한 대중매체를 통해서, 정의한 가치를 제대로 이해시키는 일은 당연히 중요한 마케팅 활동이다.

샴푸 같은 소비재는 매장에서 감각으로 고르는 경우가 많다고 앞에서 말했다. 그러나 가치를 세밀하게 검토하지 않는 건 아니다.

텔레비전 광고나 매장의 POP를 이용해 '○○오일 배합, 하루 종일 촉촉함이 그대~로 유지'처럼 가치를 알리고 있는데, 이것이 강력한 마지막 한 방으로 작용해 상품을 구입하게 만드는 경우도 많다.

또한 '테스트 가격'으로 저렴하게 제공함으로써 일단 사용해 보게 하고, 그 안에서 가치를 알게 되어 재구매로 이어지게 하기도 한다. 이 방법도 일 년에 여러 번 구입하는 소비재에서는 중요한 활동이다. 이때는 이용할 때마다 보게 되는 패키지나 장식 라벨 등이 가치를 알리기 위한 매체가 되기도 한다.

이러한 상황에서 가치를 알릴 때 우리가 주의를 기울여

야 할 점은 'What to Say=무엇을 말할까^(=정의한 가치)'와 'How to Say=어떻게 말할까'의 차이다.

유명한 마틴 루서 킹 목사의 스피치 제목이 '나에게는 꿈이 있다'가 아니라 '흑인에 대한 인종차별의 철폐를 호소한다'라면 어떨까?

이 제목은 킹 목사의 What to Say를 그대로 표현하고 있다. 내부 계획서로는 좋을지 모르지만, 이 표현을 그대로 사용했다면 관심을 가질 사람은 분명 많지 않았을 것이다. 청중의 관점에서, 그리고 청중의 언어로 표현되지 않았기 때문에 머릿속에 쏙 들어오지 않는 것이다.

그래서 How to Say를 고민한 끝에 '나에게는 꿈이 있다'로 표현된 것이다. 바로 이렇게 What to Say를 How to Say로 바꿔주는 전문가가 바로 광고 크리에이터이자 카피라이터이다.

과거에 위스키 브랜드를 선택하게 하려고 합리적인 사실에 호소한 적이 있는데 효과가 없었다. '콜라 열매가 50% 더 들어있습니다'라는 코카콜라 광고가 있어도 소비자는 그다지 끌리지 않을 것이다.

- 데이비드 오길비 (현대 광고의 아버지)

◆ **부가가치(덤)를 제공한다**

선택하게 만들기 위한 세 번째 방법이 **부가가치**^(덤)**를 제공하**

는 일이다. 일반적으로는 '세일즈 프로모션'이라고 한다. 구매를 망설이는 사람에게 강력한 마지막 한 방으로 구매를 굳히도록 하기 위해, 할인을 하거나 사은품을 주는 등 **판매촉진 행사**를 펼친다.

이 세일즈 프로모션은 경영진과 영업 담당자에게 매우 인기다. 효과를 직접 실감할 수 있다는 게 그 이유다.

실제로 할인행사를 하면 그 기간에는 눈에 띄게 매출이 증가한다. 하지만 여기에는 매출 증가에 대한 과대평가로 인하여 가려지고 무시되는 부분이 발생한다.

우선 정기적으로 할인을 하면 그 때만을 기다리는 고객들이 반드시 생긴다. 할인제도가 없었다면 오히려 더 비싸게 팔 수 있을지도 모른다. 그러므로 할인은 사실 매출을 떨어트리는 측면도 있다. 이를 '다일루션^(희석화 Dilution)'이라고 한다.

그리고 매출이 발생하기 위해서는 그 이전 단계에서 기억하고 좋아하게 만들기 위한 브랜딩을 진행하게 된다. 다시 말해, **매출은 세일즈 프로모션만으로 발생하는 것이 아니라 다른 마케팅 전략이 가미될 때 가능한 것이다.**

이는 축구로 치면 마지막으로 골을 넣은 공격수만을 평가하는 것과 비슷하다. 하지만 공격수만 보강한다고 해서 강팀을 만들 수 있는 것은 아니다.

이와는 정반대로, 가격 인하나 할인은 여하튼 악이라고 주장하는 사람도 있다.

정말로 믿음직한 브랜드가 완성되었다면 가격을 내릴 필요가 없고, 가격 인하는 오히려 브랜드의 가치를 낮춘다는 이유에서다. 그런 이유에서 실제로 렉서스나 애플은 가격 인하를 하지 않는다.

일리가 있기는 하지만 이 또한 지나친 논리다.

먼저, 팬이 되는 건 상품을 사용한 결과라는 사실을 떠올리기 바란다. 어쨌든 먼저 이용자를 늘리지 않는 한 브랜드는 성장하지 않는다. 대기업이 가격을 인하하면 이용자가 더 적은 업체는 거기에 따라가지 않을 수 없다.

그리고 가격 인하는 정말로 브랜드의 가치를 떨어트릴까?

메르세데스 벤츠도, BMW도, 아우디도 모두 가격을 인하한다. 비행기 비즈니스석과 일등석은 비수기에는 반드시 큰 폭의 가격 인하를 한다.

그렇다면 벤츠의 S클래스를 타거나 일등석을 타고 떠나는 여행의 가치가 가격 인하 때문에 훼손되는 것일까? 가격 인하를 하지 않는 렉서스에 비해 가격 인하를 하는 메르세데스의 가치는 낮을까? 전혀 그렇지 않다.

브랜드의 가치가 손상되는 경우는 무엇보다 그 브랜드가 기

대를 저버렸을 때다.

높은 품질이 자랑인 자동차 회사가 리콜을 연발하거나, 정중한 서비스가 장점인 항공사가 형편없는 서비스를 할 때 브랜드는 훼손된다. 그리고 브랜드의 가격 인하를 거부하거나 싫어하는 이용자는 얼마나 될까?

한 브랜드가 가격 인하를 하지 않는 것과 높은 브랜드 파워를 갖는 것 사이에는 어느 정도의 상관관계는 있어도 인과관계는 없다.

"렉서스는 가격 인하를 하지 않으니 우리도 가격 인하를 하지 말자."라는 말은 "부자들은 모두 벤츠를 타고 다니니, 나도 부자가 되기 위해 벤츠를 타겠다."라는 말과 같다.

'부가가치⁽덤⁾를 제공하는' 세일즈 프로모션을 진행할 때 가장 중요한 점은, 그것을 과대평가하거나 과소평가하지 않고 **냉정하게 필요성과 효과를 분석하는 일**이다.

설득하고 싶다면 이유가 아닌 이익에 대해 이야기 하라.
- 벤저민 프랭클린 (미국 건국의 아버지 중 한 명)

▶ **마케터처럼 POINT · 49**
<근처까지 전달한다>, <가치를 알린다>, <부가가치(덤)를 제공한다> 이 세 가지 방법으로 자신을 선택하게 만들 '강력한 마지막 한 방'을 만든다.

〈STEP 4. 가치를 알린다〉가 지금까지 중에서 가장 길었다. 그래도 일상생활에서 접할 기회가 많은 만큼 가장 떠올리기 쉽지 않았을까?

이 책을 덮으면 먼저 여기에서 살펴본 내용을 기억했다가 주변에 있는 광고 활동을 잘 관찰하고 분석해 보라.

특히 '누구에게', '무엇을 하게 하기' 위한 광고 활동인가라는 관점으로 분석하면, 지금까지 알지 못했던 사실을 쉽게 발견할 수 있을 뿐 아니라 좋은 복습이 될 것이다.

마케터처럼 ─── 살아라

가치를 알리는 사고방식을
일, 커리어, 인생에 활용한다

가치를 알리는 사고방식을 커리어 향상에 활용한다

◆ 승진하기 위해서는 반드시 나의 가치를 알려야 한다

글로벌 기업에서 승진하기 위한 핵심은 PIE$^{(파이)}$라고 한다.
PIE는 다음 세 단어의 머리글자에서 따온 것이다.

· **P**erformance : 업무 실력

· **I**mage : 인상(이미지)

· **E**xposure : 얼마나 눈에 띄는가

더 주목할 것은 중요도의 비율이다. 여러 가지 의견이 있지만 내가 가장 많이 들은 비율은 다음과 같다.

- 업무 실력(Performance) : 1
- 인상(Image) : 3
- 얼마나 눈에 띄는가(Exposure) : 6

얼마나 눈에 띄는지가 단연 중요하다고 하니 놀랍다.

나는 이제까지 뉴질랜드, 영국, 독일 회사에서 일해 왔는데 **이 PIE의 법칙은 어느 기업에나 딱 들어맞았다.** 실제로 장인 기질이 있어 일은 잘하지만 그다지 눈에 띄지 않는 유형의 베테랑 사원이, 승진에서는 적극적인 젊은 사람에게 자꾸자꾸 추월당하는 모습을 주변에서 봐 왔다.

'꾸준히 성실하게 일하면 반드시 누군가가 봐 준다'라는 미덕이 있는 일본의 회사는 글로벌 기업보다 훨씬 '일의 실력'이 중시되는 분위기가 느껴진다. 그러나 **인사평가에서 '얼마나 눈에 띄는가'와 '인상**^(이미지)**'이 효력을 발휘한다는 현실은 크게 다르지 않은 것 같다.**

◆ **'선택하는 측'의 관점에서 생각한다**

이 비율에 납득이 가지 않는 사람은 **'선택하는 측'의 관점**에서 보길 바란다.

대기업에서 최종적으로 승진 여부를 결정해야 하는 사람에게는 대략 100명 규모의 부하직원이 있다. 그중에서 승진하는 사람은 매년 몇 명뿐이다.

100명의 실력을 낱낱이 파악하고, 그 실력을 공평한 기준으로 정확하게 평가하는 것을 목표로 하는 게 이상적이지만 **현실적으로는 어려운 점**이 있다.

여러 명의 후보가 올라오고 그중에 자신이 전혀 의식하지 못했던 사람이 포함되어 있다면, 아무리 그 사람의 실적을 증명하는 데이터가 확실하게 갖추어져 있어도 좀처럼 선택하기 어려울 것이다.

반대로 자신이 알고 있으면서 좋은 인상을 준 사람이 있으면 어떨까? 후보로 올라온 이상 실력에는 나무랄 데가 없을 것이다. 그렇다면 **그 사람을 선택하거나 적어도 유리한 눈으로 보는 건 자연스러운 일**이다.

그래도 아직 납득이 되지 않는다면 영어회화 학원을 선택하는 과정을 떠올려 보자. 위치와 예산을 감안하여 다닐 수 있는 학원의 후보가 100곳이 있다고 했을 때, 그 100곳의 학원을 100% 공평하고 순수하게 오직 학원의 실력만으로 선택하라고 하면 어떨까?(과연 가능할까?)

하지만 그중에 이름을 아는 몇몇 학원이 있고, 또 그중 한 곳은 믿을 만한 친구가 추천해서 좋은 인상을 가지고 있다면? 그 한 곳을 택하거나 적어도 호의적인 시선으로 보는 것은 당연한 일이 아닐까?

◆ 마케터의 관점으로 보면 당연한 선정기준

완전 실력주의라고 생각했던 서양의 글로벌 기업에서 '눈에 띄는 것'이 60%, '인상'이 30%라는 말을 들었을 때는 크게 실망했다.

다만 그 말을 듣고 다시 생각해보니 **인지도 60%, 이미지 30%, 실력 10%** 라는 현실은 나에게 그다지 받아들이기 어려운 일도 아니었다. 솔직히 마케터로서 마케팅의 관점에서 보면 당연한 일이기 때문이다.

이미 눈치챘겠지만 **이 PIE는 〈기억하게 만든다〉, 〈좋아하게 만든다〉, 〈선택하게 만든다〉를 바꿔 놓은 것이다.**

- Exposure 얼마나 눈에 띄는가 : 기억하게 만든다
- Image 인상 : 좋아하게 만든다
- Performance 업무 실력 : 선택하게 만든다

아무리 뛰어난 상품과 서비스라도, 그것이 아무리 뛰어난 가치를 가지고 있더라도 애초에 기억되지 않으면 검토의 대상에도 오를 수 없다. 그리고 검토의 대상이 되었다고 해도 다른 무수한 경쟁대상이 있으면, 이미지가 좋지 않은 브랜드는 가치를 제대로 알릴 기회조차 주어지지 않는다.

이와 똑같은 일들이 회사의 인사고과에서도 벌어진다.

6:3:1이라는 비율은 업무 실력이 그다지 중요하지 않다는 의미가 아니다.

일을 잘하는 건 승진을 위한 최소한의 필수조건이다. 애초에 업무 실력이 없는 사람이 상사에게 좋은 인상을 주거나 회사에서 눈에 띌 리가 없다. 일시적으로는 가능할지 모르지만 머잖아 가면은 벗겨질 것이다.

이 비율이 의미하는 건 **무엇이 결정타가 되는가**이다.

페트병에 담긴 차를 선택할 때, 맛이 결정타로 작용하는 일은 드물다. 물론 맛이 없는 건 논외로 한다. 편의점이나 슈퍼에 유통될 정도면 맛에는 손색이 없다고 본다. 여기에 이미지가 나쁜 브랜드는 선택받기 어려울 것이고, 애초에 알려져 있지 않으면 결정적으로 기회는 더 적어진다.

이런 현실을 표현한 것이 바로 6:3:1의 비율이다.

'항상 상대방의 관점에서 시작한다'라고 하지만 마케터는 도덕가도 종교가도 아니다. **데이터를 중시하는 과학자이자 현실을 직시하는 실천가이다.**

먼저 상대방^(조직이나 회사나 사회)에게 가치가 있는, 상대방에게 기여할 수 있는 사람이 되는 것을 대전제로 한다. 그렇다고 그것이 자신을 어필하지 않아도 된다는 뜻은 아니다. **자신의 가치를 실현하기 위해 〈기억하게 만든다〉, 〈좋아하게 만든다〉라는 수단이 필요하며, 그 노력도 게을리해서는 안 된다.**

그리고 자기 자신을 어필하는 행위를 은근히 비난하는 사람이 있더라도, 그 일을 해낼 용기를 가져야 한다. 마쓰시타 고노스케의 말을 빌리자면, 그것은 **마케터처럼 사는 사람의 의무다.**

왜 '잭 다니엘'을 선택하는 사람도 있고 '올드 그랜대드'나 '테일러'를 선택하는 사람도 있을까? 모든 걸 맛보고 비교했는가? 웃기지 말라. 세 브랜드는 저마다 다른 이미지를 가지고 있고, 다른 유형의 사람들에게 어필하고 있다. 고객은 위스키가 아니라 이미지를 선택하고 있는 것이다.

- 데이비드 오길비(현대 광고의 아버지)

> ▶ **마케터처럼 POINT · 50**
> 자신의 가치를 전달하기 위해 자신을 어필할 필요가 있다. 이건 의무이기도 하다.

자신의 가치를 알리는 방법

여러분은 이제 자신의 존재를 어필하는 일이 의무임을 알았을 것이다. 그렇다면 광고를 낼 수 없는 개인이 자신을 기억하고 좋아하게 만들려면 구체적으로 어떻게 해야 할까?

상투적인 수단은 **화제에 오르는 일**이다.

'Mr. CHEESECAKE'라는 치즈케이크 브랜드가 있다.

판매는 온라인에서만 하고 상품은 오로지 치즈케이크뿐이다. 가격은 치즈케이크치고는 꽤 비싼 편이다. 그렇다고 대대적인 광고를 펼치고 있는 건 아니다.

그럼에도 늘 판매 개시와 동시에 바로 매진되기 때문에, 구매 희망자는 LINE에서 친구등록을 하고 판매 개시 알림을 기다려야 한다.

트위터를 보다 보면 'Mr. CHEESECAKE'가 얼마나 자주 화제에 오르는지 실감한다. 내 피드에 있는 사람들이 "드디어 주문했다!" "받았다!"라며 자랑을 하고, 그 글에 "좋겠다!", "나도 그 케이크 좋아해" 같은 댓글이 올라오기 때문이다. 한마디로 화제가 되고 있는 것이다.

이처럼 커뮤니티 안에서 화제가 된다는 것은 기억하게 만들기 위한 절대적인 힘을 발휘한다.

대화에 빈번히 등장함으로써 **반복적으로 알리는** 효과를 발휘한다. 그런 화제에 자신도 동참하면, 그로써 **'자기화'**가 진행된다. 게다가 가까운 사람과의 대화에서는 훨씬 **'마음이 움직이기 쉽다'**라는 이점도 누릴 수 있다.

그럼, 화제에 오르려면 구체적으로 어떻게 하면 좋을까?

안방극장에서 화제를 독점하고 싶다면, 국민적인 스타가 되거나 큰 스캔들로 쓰라린 경험을 하는 수밖에 없다. 이건 물론 무리한 이야기일 수 있다. 하지만 회사나 동종 업계 같은 작은 커뮤니티에서 화제가 되는 일은 사실 그렇게 어렵지 않다.

여러분 주변의 커뮤니티에서 자주 화제에 오르는 사람을 떠올려 보자. 그리고 그런 사람의 특징을 분석해 보자.

> 직업의 존엄성은 무엇보다도 사람과 사람을 이어준다는 데 있다. 이 세상에 진정한 사치는 하나밖에 없다. 인간의 관계라는 사치가 바로 그것이다.
>
> -생텍쥐페리(『어린 왕자』의 저자)

◆ 공통된 지인을 늘린다

나는 크게 두 가지 특징이 있다고 생각한다. 하나는 **공통된 지인이 많다**는 점이다.

술자리에서 별로 친하지 않은 사람과 나란히 앉게 되었을 때, 공통된 지인이 있으면 이야기의 소재가 떨어지지 않아 도움이 된다.

공통된 지인을 많이 두려면 **적극적으로 사람을 만나**는 일이 가장 **빠른** 방법이다.

회사 같은 한정된 규모의 커뮤니티라면, 모든 직원과 충분히 알고 지낼 수 있다.(물론 회사의 규모에 따라 차이는 있다)

동종 업계 같은 조금 넓은 커뮤니티라면, 그중에서도 가장 화제의 중심에 있는 커뮤니티를 염두에 둔다.

성공한 사람일수록 퇴근 후 활동이 왕성하고 회식이나 술자리, 네트워킹 이벤트 등에 자주 참여하는데, 이게 다 적극적으로 사람들을 만나기 위한 일이라고 할 수 있다.

우연을 커리어 향상의 기회로 바꾸는 비결 중 하나는 주어지는 카드를 늘리는 것이다.

부담 없이 사람들을 만나는 활달한 행동력은 **대화의 소재가 될 공통된 지인을 늘려줄 뿐만 아니라, 주어지는 카드의 질과 양 또한 늘려준다.**

생각해보니 나 자신의 커리어도, 대부분 그렇게 사람들과 만나면서 기회를 얻었고 성장해 왔다. 예를 들면 이 책의 출판도, 몇 년 전 한 행사장에서 출판사인 동양경제신보사의 관계자를 만났던 것이 시작이었다. 그때의 만남을 계기로 강연 활동도 많이 하고 몇 년씩 기사도 썼다. 그런 후 이 책의 편집자를 만나게 됐던 것이다.

나는 낯을 많이 가리는 성격이라, 사실 그런 사교의 장이 여간 불편한 게 아니다. 매번 도망치고 싶을 정도다(실제로 도망친 적도 종종 있다).

그런데 발표자인 만큼 간담회에 꼭 참석해달라는 행사 운영자의 간곡한 부탁을 이기지 못해 반강제로 연행되듯이 몇 번 참석했다. 그러다 보니 어느새 그런 자리가 익숙해졌고, 그와 동시에 그 효과를 실감하게 되었다.

어쩌다 트위터에 '그러한 사교의 자리가 불편하다'라는 글을 올리면, 각종 분야의 저명인사가 공감의 댓글과 함께 리트윗해 준다. 사람들 앞에서 당당하게 이야기하는 경영자나 영향력을 가진 사람들도, 아니 오히려 그런 사람일수록 낯을 가리는 사람이 많다는 걸 실감했다.

즉, 그러한 저명인사들도 내키지는 않지만 사교의 장에 무리해서 나가고 있다는 말일 것이다. 왜일까? **그것은 그런 무리가 아깝지 않을 만큼의 장점이 있다는 사실을 알기 때문이다. 그 장점 중 하나는 '주어지는 카드가 많아진다'는 것이고, 무엇보다 공통된 지인이 늘어난다는 것이다. 따라서 자신의 존재감**(Presence) **역시 높아진다는 점이다.**

소속된 업계나 커뮤니티에 그러한 사교의 장이 있다면, 꼭 적극적으로 참석해 보길 바란다. 처음에는 용기가 필요하겠지만, 자기 자신을 '강제 연행'한다는 마음으로.

회사라면 회식을 비롯한 사내 이벤트를 효율적으로 활용하는 것이 흔한 수단이다. 새로운 생활방식 속에서 그런 기회를 찾기가 어려워진 것은 유감이지만, 랜선 회식 같은 새로운 네트워킹의 수단이 생기고 있다는 것은, 그만큼 그런 사교의 자리가 필요하다는 증거가 아닐까? 경쟁자와의 차별화를 모색할 기회라고 생각하고 적극적으로 참가해 보자.

그리고 공식적인 자리든 비공식적인 자리든 회사 행사에 참석했을 때는 다른 참석자들을 잘 관찰해 보자. 회사에서 유명한 '그 사람'은, 그러한 이벤트에는 빠지지 않는 단골 캐릭터이기도 하니까.

당연한 말이지만 **이 모든 것은 업무 실력이 있는 사람의 이야기다.** 실력도 실적도 없이 회식에만 참석한다면, 단순히 먹고 마시는 것만 좋아하는 사람이 되고 만다.

처음에 예를 든 'Mr. CHEESECAKE'도 치즈케이크의 뛰어난 맛이 화제의 대전제다. 게다가 회사 대표가 SNS에서 교류를 넓히며 공통된 지인을 늘리는 등 존재감을 높이기 위한 노력도 게을리하지 않고 있다.

75년에 이르는 이 연구의 답은 매우 간단하다. 타인과의 질 높은 관계가 우리를 건강하고 행복하게 한다. 그뿐이다.

-로버트 월딩거(하버드대학 교수, 724명의 인생을 75년에 걸쳐 조사한 연구의 4대 디렉터)

◆ 사람들 앞에서 이야기하는 건 공통된 지인을 늘리는 가장 효율적인 수단이다

이것은 모든 사람을 위한 수단은 아니지만, **사람들 앞에서 이야기하는 것도 공통된 지인을 늘리기에 효율적**이다.

예를 들어 1,000명의 청중 앞에서 강연하면, 그 1,000명에게는 내가 공통된 지인이 된다. 이것도 어떤 의미에서는 사람을 만나는 일이다.

어느 정도의 실력과 실적, 그리고 언변이 없으면 강연 요청은 거의 들어오지 않을 수도 있지만, 강연자를 공모하는 곳이 있다면 적극적으로 응모해 보기를 권한다.

회사에서 하는 프레젠테이션이나 발언의 기회에는 더욱 편하게 도전할 수 있을 것이다.

외국계 기업에서는 본사 임원이 방문하면, 일반사원 앞에서 '타운홀'이라고 부르는 강연을 한다. 그리고 강연이 끝나면 반드시 그 자리에서 질문을 받는다. 국내기업에서라면 이런 질문 시간에 정적이 흐를 때가 많을 것이다. 그러나 외국계 기업

에서는 질문권 쟁탈전을 벌인다. **자기의 존재를 어필할 절호의 기회**이기 때문이다.

국내기업에서 이런 어필을 하라고 하면 나 역시도 슬그머니 피하겠지만, 자기가 소속해 있는 부서의 모임에서라면 어느 정도 허들도 낮지 않을까? 예를 들어 정례회의에서 다음 주의 발표자를 모집한다고 하면, 준비할 시간도 있는 만큼 여러분도 얼마든지 도전할 수 있을 것이다.

다른 사람이 하겠다고 나서지 않는 건 오히려 큰 기회다. 꼭 적극적으로 도전해 보라.

> 인간이 어느 정도의 가치를 생산해낼 수 있는가는, 타자와의 관계가 얼마나 강하고 깊은가에 따라 크게 달라진다.
> - 린다 그래튼(런던 비즈니스 스쿨 교수, 『100세 인생』 저자)

◆ **뉴스의 공급원이 된다**

화제에 오르기 위한 또 다른 방법은 **뉴스의 공급원이 되는 일**이다.

술자리에서 별로 친하지 않은 사람의 옆자리에 앉았을 때, 공통된 지인이 있으면 화제로 삼을 수 있어서 도움이 된다. 그런데 그 사람이 뭔가 뉴스거리를 가지고 있으면 대화는 더욱 활기를 띠게 된다. "그 사람, 최근에 승진했다던데요." 이런 식이다.

앞에서 언급한 'Mr. CHEESECAKE'도 케이크의 기본 라인 업에 그치지 않고 계절 한정의 특별메뉴를 정기적으로 투입함으로써 팬들에게 새로운 소식을 꾸준히 제공하고 있다. 게다가 단순히 출시만 하는 것이 아니라 상품개발 과정을 트위터로 실황 중계까지 한다. 출시하면 순식간에 매진되기 때문에 출시 자체는 이제 뉴스 축에도 안 든다는 걸 감안하면, 이것은 매우 현명한 전략이다.

출시와 동시에 완판되는 인기에 만족하지 않고, 항상 새로운 도전을 계속하는 자세가 팬들의 공감을 불러일으키고 있는 게 분명하다.

이처럼 **항상 뭔가 새로운 일에 도전하는 사람은 뉴스의 공급원이 되기 쉽다.** 뉴스는 'New'이니 만큼 '새로운' 도전이라는 점이 중요하다.

물론 승진이나 커리어 향상을 목표로 한다면 **일 자체로 뉴스를 공급**해야 한다. 새로운 대형 프로젝트, 주목할만한 프로젝트를 맡아 그 일을 성공시키면 분명히 화제가 될 것이다.

'이거라면 기여할 수 있다!'라고 생각되면서 관심도도 높은 일을 결정하고, 그 일이 자기에게 너무 새롭더라도 적극적으로 도전한다. 그러한 자세가 뉴스의 공급원이 되기 위해서는 반드시 필요하다.

그리고 중요한 프로젝트, 특히 그 사람에게 새로운 프로젝트라는 것은 도전하는 자세만 있다고 해서 누구나 맡을 수 있는 것은 아니다.

'일의 보수는 새로운 일이다'라는 말을 흔히들 하는데, 작은 기여의 축적이 다음의 큰 기여의 기회를 가져다준다. **항상 기여를 의식하고 주어지는 카드를 늘려 놓으면 여기에서도 큰 위력을 발휘한다.**

그러나 새로운 도전이란 어딘지 모르게 불편한 구석이 있게 마련이다.

자기가 편안한 마음으로 일할 수 있는 영역을 '컴포터블 존'이라고 하는데, 거기에서 벗어나 언컴포터블한, 즉 불편한 영역으로 발을 내디뎠을 때 비로소 그곳을 새로운 편안한 영역으로 만들 수 있다. 이것이 바로 일에서 말하는 성장의 정체다.

새로운 무언가에 끊임없이 도전하는 것은 화제에 오르기 위한 전략일뿐더러 자기 자신의 성장 전략이 될 수도 있다.

여기에서 중요한 건 **불편한 마음과 싫은 마음은 다르다는** 점이다. 인간은 진짜 하기 싫은 일을 통해 누군가에게 지속적으로 기여할 수 없다. **나만이 채울 수 있는 세상의 퍼즐 조각이, 내가 싫어하는 일일 리 없기 때문이다.**

그래서 나는 싫어하는 일에서는 도망쳐도 좋다고 생각한다. 싫어하는 사람에게서도 도망쳐도 좋다.

단, 불편한 일에서는 도망치면 안 된다. 그건 당신의 뉴스가 될 수 있고, 무엇보다도 당신에게 성장을 가져다주기 때문이다.

중요한 건 진짜 당신이 할 수 있는 일을 시작하는 것이다. 당신의 가능성을 극대화하고 당신이 세상에 기여할 수 있는 일 말이다.

-파울 폴먼(전 유니레버 CEO)

> ▶ 마케터처럼 POINT · 51
> 자신을 어필하기 위해서는 화제에 올라야 한다. 공통된 지인을 늘리고, 뉴스의 공급원이 되는 것이 효과적이다.

상대방에게 도움을 주겠다는 목적을 절대로 잊지 않는다

화제에 오르기 위한 당신의 뉴스는 **진실**이어야 한다. 화제를 만들기 위한 거짓이나 속임수는 받아들여지지 않을뿐더러 때로는 비난의 표적이 되기도 한다.

이른바 '노이즈 마케팅'을 하는 사람은 화제가 되는 것이 얼마나 중요한지 너무 잘 알고 있다는 의미에서 현실주의자라고는 말할 수 있다.

그러나 **가치를 알리는 프로세스는 기억하게 만드는 것만으로는 완결되지 않는다.** 그와 더불어 좋은 인상을 줌으로써 그것을 토대로 실력을 평가받고, 최종적으로 선택받도록 해야 한다.

이미 그러한 캐릭터가 완성되었다면 이야기는 달라지지만, 노이즈 마케팅을 통해 기억하게 하고 떠올리게 하는 데 성공했더라도 많은 사람에게 나쁜 인상을 주고 미움을 받게 된다면 의미가 없다. 악명이 무명보다 나을지도 모르지만, 그렇더라도 **악명이 호평을 따라올 수는 없다.**

◆ **상대방에게 도움을 주는 것을 최종 목적으로 삼는다**

그리고 무엇보다 잊지 말아야 할 것은 **이 모든 것이 최종적으로 상대방에게 도움을 주기 위해 이루어진다**는 것이다.

자기의 존재를 어필만 하는 '어필 중독자'가 되어도 어쩔 수 없다. 여기서 오해의 소지가 있는, 흔히 말하는 '셀프 브랜딩'이라는 개념에는 이에 대한 이해가 결여되어 있다고 느낄 때가 있다.

마케팅이란 가치의 교환이었다. 브랜드도 상품이 가지는 가치 중 하나다.

예컨대 메르세데스 벤츠라는 브랜드는, 이 차를 타고 다니면 사람들이 '부자로 본다'라는 평판 가치를(일단은) 제공해 준다.

한편 셀프 브랜딩이라고 하면, 일반적으로는 소셜 미디어에서 정보 발신을 하거나 매체에 등장함으로써 회사나 특정 커뮤니티에서의 인지도를 높이고 자신의 이미지 만드는 것을 가리키는 듯하다.

그런데 과연 거기에 **상대가 추구하는 가치가** 발생할 수 있을까? 그것이 **최종적으로 자기 이외의 다른 누군가에게 도움을 줄 수 있을까?**

그러한 관점이 결여되어 있다면, 그것은 마케팅도 브랜딩도 아니다.

> 내가 남겨야 할 것을 지나치게 혹은 너무 일찍부터 신경 쓰는 대신, 내가 선택한 건 늘 그래 왔듯이 의미 있는 기여를 할 수 있는 길을 가는 것이었다.
> - 존 헤네시(스탠퍼드대학 명예학장, 구글 모회사 알파벳 회장)

◆ 알려야 할 가치가 있어야 한다는 대전제

인지도를 높이고 자신의 이미지 만드는 일을 컨설팅 프로젝트의 수주와 같은 비즈니스의 필요성 때문에 하고 있다면 그건 분명 마케팅이라고 할 수 있다. 바로 **가치를 알리는 프로세스의 일부다.**

이때 중요한 건 **그런 사람들은 알려야 할 가치를 이미 가지**

고 있다는 점이다. 가치 있는 서비스를 제공하고 있으며, 그것을 알릴 하나의 수단으로 소셜 미디어 등에서 정보를 전달하고 있는 것이다.

딱히 전해야 할 가치도 없이 전달 수단만 가지고 있으면 의미가 없다. **소셜 미디어를 통해 아무리 열심히 정보를 발신한들 그것만으로 전달해야 할 가치까지 만들어지는 것이 아님은 말할 필요도 없다.**

그렇다면 자기 자신의 가치는 어떻게 만들어질까?

그것을 위해서는 〈시장을 정의한다〉, 〈가치를 정의한다〉, 〈가치를 만든다〉의 프로세스를 밟아가며, 상대방에게 도움을 주기 위한 그리고 상대방의 과제를 해결하기 위한 실력과 실적을 쌓아야 한다.

〈가치를 알린다〉는 지금까지 살펴본 네 단계의 집대성이라 할 수 있다.

> ▶ 마케터처럼 POINT · 52
> '가치를 알린다'는 것은, 알려야 할 가치를 익힌 다음의 마지막 단계이다.

TRY

가치를 알린다

일
-

- 당신 회사의 상품 및 서비스를 기억하고, 좋아하게 만들어, 선택하게 만들 방법을 생각해 보라.

커리어

- 지금의 회사나 업계에서 당신 자신을 기억하고, 좋아하게 만들어, 선택하게 만들 방법을 생각해 보라.

개인의 삶
-

- 당신의 SNS 계정을 더 많은 사람에게 알리려면 어떻게 해야 할지 생각해 보라.

エピローグ

에필로그

마케터처럼 살기를 다시 한번 추천한다

삶의 규범은 시대와 더불어 변해간다

자신이 좋아하는 일을 하면서 살아간다. '나'다움을 무엇보다 중요하게 여긴다. 언제까지나 꿈을 추구한다.

이런 말들에 **강하게 공감하는 사람**이 있는가 하면, **눈살을 찌푸리는 사람**도 있다.

까만색 다이얼 전화와 브라운관 텔레비전의 시대에 태어나, 인터넷의 개막과 함께 사회인이 된, 이른바 20세기와 21세기의 하이브리드 세대로서 그 두 가지 생각에 다 공감한다.

우리 할머니는 2차 대전 후에 고향을 떠나 요코하마에 정착했고, 동향의 할아버지와 결혼하셨다.

할아버지는 인쇄 회사를 차리고 경영을 하셨는데, 우리 어머니가 고등학생 때 딸 셋을 두고 갑자기 지병으로 돌아가시고 말았다. 회사를 이은 사람은, 비즈니스 경험은커녕 학교 교육도 제대로 받지 못해 글자도 못 쓰던 할머니였다.

할머니는 그때부터 자식을 키우며 회사경영에 분투하였고, 덕분에 도쿄에도 지사를 낼 정도로 사업은 번창하였다.

일본은 새 시대가 열린 현재에도, 여러 외국에 비해 여성 경영진이 매우 적다는 지적을 자주 받는다. 20세기의 한복판에서 직원이라곤 남성뿐이던 은행과 거래처를 다니며 협상을 하고, 종업원들을 관리하기가 여성 경영자로서 여간 힘든 일이 아니었을 것이다. 그것도 홀로 자식을 키우면서 말이다.

그것은 결코 할머니가 원했던 삶이 아니었을 것이다. 그러나 어쩔 수 없는 일이었을 것이다. 다른 선택지가 없었을 테니까.

살기 위해서는 다른 어떤 선택지도 없었다. 그런 의미에서 할머니 세대의 많은 사람이 비슷한 경험을 하지 않았을까?

그 뒤를 잇는 우리 부모님 세대 역시 '나답게', '내가 원하는 삶'이라는 가치관은 없었을 것이다.

모두 가족을 위해, 회사를 위해, 나라의 발전을 위해 몸이 부서져라 일해 온 사람들이다.

◆ 좋아하는 일을 예찬하는 시대

시대를 곧장 현대로 옮겨 보자.

경제가 발전하고 각종 사회 안전망이 정비되면서 사회가 안정되었다. 카메라를 비롯한 영상기기와 음향기기를 구하기 쉬워진 만큼, 대기업 엔터테인먼트 기업이 독점했던 제작 수단이 '민주화'되었다.

인터넷을 이용해 제작물을 직접 전달할 수 있게 되었고, 우버이츠 배달 같은 '긱워크'로 불리는 일회성 일이 증가해 생계를 이을 수단도 갖추어졌다.

이러한 현실로 유튜버 등이 인기 직업이 되고, **'나답게, 그리고 좋아하는 일을 하며 살아가는 생활방식'을 받아들일뿐더러 예찬하는 세상**이 되었다.

이런 일들은 할머니나 부모님 세대에는 상상도 할 수 없었던 훌륭한 변화인 한편, 사회에 새로운 부작용을 일으킬 가능성도 있다고 본다.

유튜브 같은 플랫폼은 누구든 좋아하는 일을 하며 살 수 있게 하는 한편, **그런 삶을 보장해 주지는 않는다.** 누구든 부담 없이 씨름판에 오를 수 있게 되었다고 해도 씨름선수로 먹고 사는 일이 보장되지 않는 것과 같다.

큰 성공을 거둔 사람은 재능과 행운을 타고난 데다가 피나는 노력을 게을리하지 않은 극소수일 것이다.

그 외의 사람들이 만드는 콘텐츠는, 제작자의 노력도 인정받지 못하고 대부분이 사라져 버리고 만다. 자신의 시간과 열정을 쏟은 활동이 타인에게 인정받지 못하는 상황은, 자기 긍정감을 서서히 갉아먹고 납득할만한 최소한의 수입도 보장받지 못한다.

모든 사람은 특별하다

그리고 이제 새로운 시대가 시작되었다.

이 시대의 흐름 끝에 우리의 행복은 기다리고 있을까?

한국의 JYP엔터테인먼트와 소니뮤직이 만든 〈Nizi Project〉라는 유튜브 프로그램이 인기를 끌었다. 세계에서 통할 일본인 걸그룹을 만든다는 콘셉트의 오디션 프로그램이다.

이 프로그램의 매력은, 꿈을 좇는 소녀들이 오로지 목표를

마케터처럼 ──── 살아라

향해 최선을 다하는 모습은 물론이거니와 뭐니 뭐니 해도 박진영 프로듀서의 '재능을 키우는 방법'이다.

'모두 저마다 특별하다'라는 박진영의 신념은 언제나 흔들리지 않는다. 그래서 오디션에서는 반드시 노래와 춤이 뛰어난 사람을 뽑는 건 아니다. 그룹으로 모였을 때 빛나는 개성을 찾아내고, 그 개성을 본인이 키워갈 수 있는지를 판단한다.

그런 박진영의 철학은 다음 한마디에 응축되어 있다.

"이 오디션은 어떤 특정한 목적에 맞춰 거기에 맞는 사람을 찾기 위한 것이지, 여러분이 특별한지 이떤지와는 전혀 상관없어요. 여러분 한 명 한 명이 특별하지 않았으면 태어나지도 않았을 거예요."

이 말은 오디션 중에, 합격한 참가자가 아니라 오디션에서 떨어져 낙담할 참가자들에게 한 말이다. 그래서 내 마음에 크게 와닿았다. 〈프롤로그〉에서도 말했다시피 나도 과거에 꿈을 잃고 힘들었던 경험이 있기 때문이다.

◆ 누군가에게 도움이 될 수 있는 나만의 영역은 반드시 있다

어릴 적 꿈을 이루어 지금 마치 그 꿈속에서 살고 있는 것 같다는 사람이 세계 인구의 몇 퍼센트나 될까?

대다수 사람들이 이미 깨져버린 어릴 적 꿈을 완전히 버리지 못하고 가슴에 품은 채 살고 있는 건 아닐까? 혹은 그런 터무니없는 꿈같은 건 애당초 가져본 적도 없었다는 사람도 많을 것이다.

그렇다고 꿈이 없는 사람들이 특별하지 않은 건 아니다.

모든 사람이 특별하지 않았으면 태어나지도 않았을 것이다.

그리고 이 책에서 꼭 전하고 싶었던 메시지는 '그러면 과연 어떻게 해야 할까?'이다.

그리고 그 답이 '마케터처럼 사는 것'이다.

상대방의 관점에서 시작해, 항상 상대방에게 가까이 다가가, 상대방에게 도움을 주는 일을 목표로 한다.

그렇지만 종교나 도덕으로서가 아니라 어디까지나 **현실적인 실천자의 관점으로 사실과 데이터를 중시하면서.** 그리고 자선사업이 아니라 삶의 기술로써, 자기 자신에게 돌아올 '결과로써'의 보상을 기대하면서.

박진영 프로듀서의 말처럼 모든 사람이 모두 특별하다면, 어딘가에 반드시 '누군가에게 도움을 줄 수 있는 나만의 영역'이 있을 것이다.

마케터처럼 ──── 살아라

어떤 사람에게는 그 영역이 박진영 프로듀서가 만드는 걸그룹일 수도 있다. 어떤 사람에게는 또 다른 걸그룹일 수도 있고, 그것과는 전혀 다른 무엇일 수도 있다.

그게 무엇이든 모두가 자신만의 방식으로, 세상의 빠져 있는 퍼즐 조각을 채울 수 있다. 그런 **삶을 실현할 확실한 수단은 이상론도 허울뿐인 말도 아닌 '마케터처럼 사는 것'**이다.

홀니스 시대

홀니스라는 말이 있다. '전체성' 등으로 번역되지만, '틸 조직(Teal Organization)'이라고 불리면서 상사도 부하도 없는 미래형 조직으로 중요하게 여겨지고 있는 개념이다.

개체를 중시하면서도 개체와 전체를 대립시키지 않고, 개체가 있기에 전체가, 전체가 있기에 개체가 있다며, 그 관계성을 상호보완적으로 파악한다는 점이 특징이다.

바로 우리 몸과 기관이 그렇다. 위나 장이나 심장이나 뇌는 모두 다른 무엇으로도 대체할 수 없는 독특한 개체지만, 저마다 단독으로는 존재할 수 없다. 신체라는 전체가 있어야 비로소 그 개체가 존재할 수 있고 또 의미를 가질 수 있다. 동시에 전체도 개체를 토대로 이루어져 있다. 작은 장기라도 그 기능이 상실되면 몸 전체가 버티지 못하게 된다.

이것이 바로 홀니스다.

홀니스는 전체주의와는 다르다. 홀니스와 전체주의의 관계를 정리하면 다음과 같다.

- 전체주의: 사회를 위해 개인이 있다
- 개인주의: 개인의 실현을 위해 사회가 있다
- 홀니스: 사회가 개인을 이루고, 개인이 사회를 이룬다

이 책의 주장은 바로 이 홀니스의 개념에 바탕을 두고 있다.

그리고 전체주의인 20세기, 개인주의인 21세기를 지나, 이제부터는 **이 홀니스의 시대가 될 것**이라는 확신이 있다.

> 20세기의 시대: 전체주의 = 사회의 발전을 위해 몸이 부서져라 일한다.

> 21세기의 시대: 개인주의 = 좋아하는 일을 하며 살아간다.

> 새로운 시대: 홀니스 = 나만이 할 수 있는 방식으로 세상의 빠져 있는 퍼즐 조각을 채운다.

'나'만이 채울 수 있는, 세상의 **빠져** 있는 퍼즐 조각이 반드시 있을 것이다.

그 조각이 **무엇이든 특별**하다.

입에 발린 말을 하는 것도 과장해서 하는 말도 아니다. 여러분은 한 명 한 명이 다 특별한 존재다.

이제, **여러분이 채워주기를 기다리는 세상의 빠진 퍼즐 조각**을 반드시 찾기를 바란다.

참고 문헌

—

《도서》

ケビン・レーン・ケラー『戦略的ブランド・マネジメント』
恩藏直人・亀井昭宏訳、東急エージェンシー

スコット・ギャロウェイ『the four GAFA―四騎士が創り変えた世界』
渡会圭子訳、東洋経済新報社

田中洋『消費者行動論』中央経済社

田中洋『ブランド戦略論』有斐閣

バイロン・シャープ『ブランディングの科学』
加藤巧監訳、前平謙二訳、朝日新聞出版

フィリップ・コトラー『コトラーのマーケティング・マネジメント　基本編』
恩藏直人監修、月谷真紀訳、ピアソン・エデュケーション

フレデリック・ラルー『ティール組織―マネジメントの常識を覆す次世代型組織の出現』
鈴木立哉訳、英治出版

山口周『ニュータイプの時代―新時代を生き抜く24の思考・行動様式』ダイヤモンド社

Peter Thiel & Blake Masters,
Zero to One: Notes on Startups, or How to Build the Future , Currency

《웹사이트》메인페이지 URL만 기재

「エナジードリンク市場～市場急成長の要因を探る」Intage知るGallery（www.intage.co.jp）

「西野カナ、作詞の極意は『アンケート』　自身の恋愛観よりみんなの意見」
Sponichi Annex（sponichi.co.jp）

「『2019年 日本の広告費』解説―インターネット広告費が6年連続2桁成長、テレビメディアを上回る」
電通報（dentsu-ho.com）

「パナソニック『宣伝広告は義務』創業から貫く深いワケ」AERA dot.（dot.asahi.com）

「ロナルド・レーガン」ウィキペディア（ja.wikipedia.org）

「[Nizi Project] Part 1 #7-2」JYP Entertainment（youtube.com）

"Definition of Marketing," American Marketing Association（ama.org）

"Kaizen," Wikipedia（en.wikipedia.org）

"Krumboltz's theory," careers.govt.nz（careers.govt.nz）

"Retail therapy-How Ernest Dichter, an acolyte of Sigmund Freud, revolutionised
marketing," The Economist（economist.com）

"Stanford Professor John D. Krumboltz, who developed the theory of
planned happenstance, dies," Stanford Graduate School of Education（ed.stanford.edu）